Bernhard Häring

Moraltheologie für das dritte Jahrtausend

Bernhard Häring

Moraltheologie für das dritte Jahrtausend

:STYRIA

Ins Deutsche übersetzt von Maria Gioia Piccolrovazzi Hlatky.
Der Titel der italienischen Originalausgabe lautet:
Teologia morale verso il terzo millennio.
Erschienen bei Editrice Morcelliana, Brescia 1990.

Die Deutsche Bibliothek – CIP-Einheitsaufnahme

Häring, Bernhard:
Moraltheologie für das dritte Jahrtausend / Bernhard Häring. –
Graz ; Wien ; Köln : Verl. Styria, 1999
ISBN 3-222-12680-1

Umschlaggestaltung: Peter Salmutter, Graz
Umschlagbild: G. Brad Lewis, Tony Stone Bilderwelten
Satz: B & R Satzstudio, Graz
Druck und Bindung: Ueberreuter Buchproduktion, Korneuburg
ISBN 3-222-12680-1

Inhaltsverzeichnis

Einleitung

Aufbau einer Moraltheologie

Keine andere Disziplin wie die Moraltheologie hat in diesem Jahrhundert derart tiefgreifende Veränderungen erfahren. Diese Veränderungen spiegeln das Selbstverständnis der Kirche, die Beziehung zwischen Kirche und Welt, die biblische Erneuerung, den Dialog mit den Humanwissenschaften, die ökumenische Öffnung, den kulturellen Pluralismus und – *last but not least* – die neue Beziehung zwischen Klerus und Laien wider.

Ich erlaube mir, hier einen kurzen Überblick über die Moraltheologie zu geben, indem ich einfach über meine wissenschaftliche Arbeit in der christlichen Moraltheologie in den letzten 50 Jahren erzähle. Im Jahr 1934 begann ich die philosophische Ethik und die Soziallehre der Kirche zu studieren. Ich tat dies mit großem Engagement, da ich mich schon seit Jahren mit der Lektüre und der Diskussion der Werke von Karl Marx und deren Auswirkungen auf weltoffene Menschen christlichen Glaubens beschäftigte. Und immer wieder stellte sich mir dieselbe Frage: Ist die christliche Soziallehre in der Lage, der Kirche eine gültige Antwort auf Fehler und Halbwahrheiten des Marxismus zu geben? Ich war kritisch – jedoch nicht übermäßig. In Summe war ich mehr oder weniger zufriedengestellt.

Als ich allerdings im Jahre 1936 mit dem Studium der Moraltheologie unter der Leitung eines Professors begann, der unter anderem „doctor utriusque iuris" war und das Lehrbuch von Aertnys-Damen benutzte, fielen wir Studenten in eine tiefe Krise; ja wir fühlten uns dadurch sogar angewidert. Ich sprach jedoch aus Respekt vor der Autorität und weil ich von meinen Eltern zu einer Art Aversion gegenüber negativer Kritik erzogen worden war, nicht darüber. Ich ging immer gut vorbereitet zu meinen Prüfungen. Darüber hinaus beschäftigte ich mich jedoch intensiv mit dem Studium neuerer Werke, wie zum Beispiel den Werken von Fritz Tillmann, Theodor Steinbüchel, Johann Michael Sailer und Johann Baptist Hirschmann, und traf so meine eigene Wahl. Zu meiner persönlichen Vertiefung fand ich Hilfe bei den Verfassern der sogenannten *Wertethik*. Es entstand dadurch ein Bruch zwischen der im offiziellen Vorbereitungslehrgang für den Dienst des Beichtvaters gelehrten Moral und meiner persönlichen Beschäftigung mit der zu lebenden und zu verkündenden Moral.

Nach meiner Priesterweihe im Mai 1939 bereitete ich mich auf meine Tätigkeit als Missionar in Brasilien vor. Doch dann erhielt ich den Bescheid meines Provinzsuperiors und des Professorenrats, mich auf die Lehrtätigkeit der Moraltheologie vorzubereiten. Ich war bereit, Gehorsam zu leisten. Doch äußerte ich, daß dies die letzte von mir selbst getroffene Wahl gewesen wäre, da mir eben diese Moral große Frustration und Probleme bereitet hatte.

Mein Superior versicherte mir, daß die Absicht meiner Vorgesetzten darin lag, der künftigen Generation jene Probleme und Frustrationen zu ersparen, die mir aus dieser Moral erwachsen waren, und daß ich nicht nach Rom, sondern an die Universität Tübingen oder München geschickt werden würde. Diese Entscheidung ist Teil der Geschichte der Moraltheologie: Seit den Zeiten Pius' IX. lag in Deutschland in den größten Diözesen und religiösen Orden das Hauptgewicht auf der „römischen" Moral in Kombination mit dem Kirchenrecht. Normalerweise entsandte man den gewählten Kandidaten zur Vorbereitung zum Moralprofessor zum Studium des Kirchen- und Zivilrechts nach Rom. Die Entscheidung meiner Vorgesetzten, mich nach Tübingen oder München zu schicken, war ein Zeichen für den durch die öffentliche Meinung vorbereiteten Umbruch. Schon im Jahre 1939 nannte mir Professor Theodor Steinbüchel, zum damaligen Zeitpunkt noch Professor in München und in der Folge in Tübingen, als Thema meiner Dissertation: „Das Heilige und das Gute. Beziehung zwischen Religion und Ethik". Die Abhandlung des Themas sollte zwei Aspekte berücksichtigen: nämlich auch das Studium der protestantischen Theologie und der weltlichen Autoren.

So begann ich mit dem Studium der Beziehung zwischen Religion und Moral bei Max Scheler, Immanuel Kant, Nicolai Hartmann (dem einzigen bekannten Atheisten in der Phänomenologischen Schule Husserls); und unter den Protestanten bei Friedrich Schleiermacher, Emil Brunner und Rudolf Otto. Im Juni 1947 promovierte ich mit dieser Dissertation an der Katholischen Theologischen Fakultät von Tübingen. Das erfolgreiche Echo meines 1950 veröffentlichten Buches war mir ein großer Ansporn. Es war ein Zeichen dafür, daß die Zeit für eine Kursänderung reif war.

Schon im Jahre 1940 bereitete ich während meiner kurzen Lehrtätigkeit in Gars das Projekt für mein im Jahr 1954 in deutscher Sprache erschienenes Werk „Das Gesetz Christi" vor. Bald folgten die Übersetzungen des Buches in die wichtigsten Sprachen. Die Zeit der „Moraltheologischen Handbücher", die drei Jahrhunderte hindurch als „römisch-katholisches Intermezzo" ohnegleichen sowohl in der katholischen Kirche als auch in den von Rom getrennten Kirchen fungiert hatten, war vorbei. Die Gründung der *„Accademia Alfonsiana"*, zuerst als Schule innerhalb unserer Kongregation der Redemptoristen und seit 1957 als öffentliches, allen zugängliches Institut, war ein Zeichen und eine Bestätigung dafür: Man wünschte, daß die zukünftigen Professoren für Moraltheologie eine biblische und patristische Ausbildung mit einer fundierten anthropologischen, philosophischen und empirischen Basis aufweisen könnten. Auch die Tatsache, daß mein Werk „Das Gesetz Christi" dem Heiligen Offizium gemeldet, aber nicht verurteilt, ja von Papst Johannes XXIII. sogar gelobt wurde, kann als Zeichen für den Umbruch gesehen werden.

Nach der Veröffentlichung meines Werkes „Das Gesetz Christi" empfand ich immer stärker das Bedürfnis nach einem Dialog mit der modernen Welt. Ich sah die Notwendigkeit, mich in verstärktem Maße mit der Soziologie der Religion, den Lebensgewohnheiten, der Familie, der Entwicklungspsychologie und der Psychotherapie zu beschäftigen. Es handelt sich dabei immer um „die Wechselbeziehung" und Interaktion zwischen authentischem Glauben (auch zwischen „ambivalentem Glauben")[1] einerseits und Traditionen, Kultur, Ehe – Familie, Sozialleben, Wirtschaft, Politik u. a. andererseits. Der Glaube selbst ist Dialog, Beziehung, Interaktion: der

Ruf als Gnade Gottes und als die Antwort durch den Menschen. Die göttlichen Personen sind subsistente Beziehungen, das Anteilgeben und Anteilnehmen zwischen Vater und Sohn. Das ganze Leben ist „Beziehung", Hinfließen und Rückfließen, das Erfülltsein von Lieben und Geliebtwerden. In diesem Sinne muß man den abstrakten „Essenzialismus" (Lehre von den Wesenheiten), den individualistischen Selbstperfektionismus (Selbstvervollkommnung), die statische juristische „Ordnung" zu überwinden trachten. Kurz gesagt, es handelt sich dabei um eine andere Art des Denkens („forma mentis"), um einen völlig anderen Ansatzpunkt im Vergleich zu den Handbüchern für den Gebrauch der Beichtväter. Sie waren die obersten „Richter" über die Sitten der Gläubigen.

Dieses neue Denken bewirkt, daß wir uns auch unseres familiären Hintergrundes bewußt werden; des Einflusses, dem wir unbewußt folgen und den wir auf unsere Umwelt in bewußter und verantwortungsvoller Form ausüben können.

Mit dieser in der „Reziprozität" des Bewußtseins wurzelnden Formung des Geistes habe ich über meine Vorgaben und Erfahrungen, über den Charakter meiner Familie nachgedacht. Diese hat auf unerschrockene Weise den marxistischen und nationalsozialistischen Ideologien und vielen anderen Häresien getrotzt. Ich habe auch über die durch den kriegerischen und grausamen Nationalsozialismus mittels seiner Gehorsamsideologie ausgeübte Manipulation der Menschen nachgedacht. Dieser Gehorsam wurde auch von den Kirchen aufgrund einer mangelnden Erziehung zur Kritikfähigkeit gepflegt. Die pazifistischen Märtyrer in Deutschland und Österreich, die Erfahrung der Kriegsereignisse und der

Kriegsverbrechen, aber auch die Wiedergutmachung der zerstörten Beziehungen mit den Völkern Rußlands und Polens. All dies hat mich gezwungen und hat mir geholfen, eine neues Modell der Moraltheologie zu entwickeln, welches in vielen Lebensbereichen eine konstruktive Kritik aufweist. Es bedarf einer völligen Bekehrung zum Glauben in seiner vollkommenen Reinheit, um den großen Gefahren der Ideologien widerstehen zu können: „Ordnung", „Macht", „trügerische Sicherheiten", die unkritisch angenommen wurden und innerhalb aller Religionen bestehen, sowie „Pseudounschuld" und Heuchelei können die menschliche und die religiöse Autorität verderben.

Das II. Vatikanische Konzil hat mich vor die unaufschiebbare Aufgabe gestellt, meine Erfahrungen und Überlegungen zu vertiefen und in der solidarischen Erfahrung der Kirche zu erproben. Die härteste Krise und zugleich die fruchtbringendste Erfahrung war für mich die Arbeit in der Vorbereitungskommission und den Unterkommissionen: *De ordine morali et de castitate, matrimonio, familia, virginitate.* Gemeinsam mit einigen anderen Gleichgesinnten wurde mir bewußt, daß es nicht ausreichte, in einigen vom Heiligen Offizium veröffentlichten Dokumenten eine milde Pastoralerklärung zu bewirken. Denn manchmal verlangt die loyale Liebe zur Kirche auch nach einem offen und konstruktiv ausgedrückten Dissens: Es bedarf der Tugend der positiven Kritik, um die zerstörende Kritik oder den angepaßten Konformismus zu vermeiden.

Während meiner Arbeit im Rahmen der Vorbereitungskommission für das Konzil und einiger anderer Kommissionen wurde mir klar, daß sich auf der Ebene des Heiligen Offiziums und ähnlicher Institutionen der

14

Umbruch in den Bereichen der Moraltheologie, der Dogmatik und Bibeltheologie noch nicht ereignet hatte. Um sich ein klares Bild davon zu machen, ist es notwendig, die von der Vorbereitungskommission erarbeiteten Dokumente einer strukturellen Analyse zu unterziehen. Diese Dokumente wurden vor der Eröffnung des Konzils im Jahre 1962 an alle Konzilsväter gesandt; insbesondere das Schema „*Constitutionis dogmaticae de ordine morali christiano*" und das Schema „*Constitutionis dogmaticae de castitate, matrimonio, familia, virginitate*"[2]; später auch die Konstitutionen und die vom Konzil approbierten Dekrete. Man kann nicht umhin, festzustellen, daß sich hier zwei unterschiedliche Denkformen, in einigen Punkten sogar unvereinbare Kirchenauffassungen gegenüberstehen. Die in den Vorbereitungskommissionen eher im Hintergrund stehende Theologie (Minoritätstheologie) wurde dann durch die Väter und die zwei großen Päpste des Konzils immer stärker.

Leider beweisen zahlreiche Ereignisse nach dem Konzil, daß einflußreiche Persönlichkeiten der römischen Kurie versucht haben, ihre Einstellung und ihre ganze im Rahmen der Vorbereitungskommission dargestellte Meinung wiederherzustellen und durchzusetzen.[3] Allerdings muß gesagt werden, daß der Umschwung beziehungsweise Umbruch während des Konzils[4] so tiefgreifend war, daß es für viele Christen schwierig war, sich damit zu identifizieren. Moraltheologie und Kerygmatik folgten mit Enthusiasmus den großen Linien des Konzils. Es erscheint allerdings noch eine enorme Arbeit zu bewältigen zu sein, um eine Synthese zu bilden aus dem unermeßlichen Reichtum der Lehren des Konzils über das Selbstverständnis der Kirche im Sinne Christi, über die Beziehung zur Welt, über die religiöse Freiheit gemäß den kompetenten Empfehlungen der Seelsorger, über die tiefgreifende Erneuerung der Moraltheologie.[5]

Das Konzil war für alle Beteiligten – und so auch für mich – eine starke Zeit, in der ich lernte, jene Inhalte, die wir vor dem Konzil erfahren hatten, zu vertiefen. Ich erlebte einen Schock, ja, ich empfand es beleidigend, als kurz nach dem Konzil mein französischer Verleger mein Werk „La loi du Christ" (Das Gesetz Christi) ohne Rücksprache mit mir neu auflegte. Er fügte die nachfolgende Bemerkung an die Leser hinzu: „Da die Moraltheologie von Pater Häring durch das Konzil eine Bestätigung erfahren hat, ist es nicht notwendig, Änderungen vorzunehmen." Wehe mir, hätte ich durch das Konzil nichts dazugelernt, um zahlreiche Dinge in meinem Buch zu überarbeiten. Da war zum Beispiel der Text aus den vorkonziliaren Ausgaben von „Das Gesetz Christi" über den Ökumenismus, der vor dem Konzil von vielen noch als zu fortschrittlich empfunden worden war, der jedoch am Ende des Konzils meiner Meinung nach so wenig zeitgemäß war, daß er nicht einmal als Basis für eine Neubearbeitung herangezogen hätte werden können!

Die Geschichte bewegt sich heute mit einer Dynamik und Schnellebigkeit, die in vorigen Jahrhunderten unvorstellbar gewesen wäre. Die in der Geschichte der Menschheit lebende Kirche ist somit aufgerufen, das „Salz und Licht" der Geschichte zu sein. Die Kirche steht immer vor neuen „Zeichen der Zeit", vor neuen Problemen, vor neuen Herausforderungen. Eine Theologie der reinen Wiederholung müßte als Verrat an der Sendung Christi verstanden werden. Ein Moraltheologe darf sich nie mit seinen Synthesen oder Antworten zufriedengeben. Meine ökumenische, missiologische und missionarische Tätigkeit und mein dauernder Kontakt mit Stu-

denten und Kollegen aus den verschiedensten Kultur-
kreisen haben mich gezwungen, mit der „pilgernden
Kirche" mitzuleben und somit immer offen für neue
Horizonte und neue Herausforderungen zu sein.

Als Ausdruck für diese Erfahrung kann die Tatsache
gewertet werden, daß ich nach der achten Auflage von
„Das Gesetz Christi" den Zwang verspürte, mich einer
vollkommen neuen Aufgabe zu stellen. Das Ergebnis
davon war das Buch „Frei in Christus" (Übersetzung in
verschiedene Sprachen). Dieses Werk kann und sollte
jedoch kein Standardwerk für das neue Jahrtausend sein.
Die beste Frucht aus meiner Lehre sollte eine Generation
von kreativen Lehrern der Moraltheologie sein, die
immer in der Lage sein sollten, die Zeichen der Zeit und
die Bedürfnisse der Kirche in den verschiedenen Ortskir-
chen zu erkennen.

Jeder einzelne Christ soll im Bewußtsein der Identität
der moralischen Botschaft Christi, im vollen Bewußtsein
seiner eigenen Identität im Rahmen seiner Herkunft, seines Milieus und seines Erfahrungsschatzes wachsen.
Und er soll dabei immer ein wachsames Auge auf die
dringendsten Forderungen des geschichtlichen Augen-
blicks haben.

1

Die Identität des Hörers

Der Moraltheologe kann seine Identität vor allem aus der Sicht seiner Eigenschaft und Berufung zum Hörer finden und definieren. Er wird zum Hörer des Wortes Gottes, der göttlichen und der menschlichen Überlieferung, der Stimme der lebenden und pilgernden Kirche; ein Hörer ihrer Heiligen der Vergangenheit und vor allem der Gegenwart; ein Hörer der Stimme des einfachen Volkes, der Armen und der Ausgeschlossenen; ein Hörer der Wissenden. Er wird auch die Stimme der Alten und der Jungen hören, aber auch die Stimme derer, die über Menschenkenntnis und kulturelles Wissen verfügen. In all diesen Zusammenhängen wird er immer ein demütiger, in seinem Gewissen in tiefer Verbundenheit mit dem Gewissen seiner Mitmenschen wachender Hörer sein müssen.

Der Hörer des Wortes Gottes
Der christliche Theologe sichert seine Identität nicht durch zahlreiche Zitate aus der Bibel ab. Seine Denkweise, sein Feingefühl, seine Mentalität und sein Charakter werden durch das Hören, durch die dauernde Medi-

tation und das Studium der Heiligen Schrift „genährt".
Der Text des Konzils über die Erneuerung der Moraltheologie im Dekret zur Priesterausbildung besagt wie folgt:

„Specialis cura impendatur Theologiae morali perfi-
ciendae, cuius scientifica expositio, doctrina S. Scripturae
magis nutrita, celsitudininem vocationis fidelium in
Christo illustret..." (Optatam Totius Nr. 16).

Die besondere Sorge gebührt also der Moraltheologie
und der wissenschaftlichen Darlegung, die durch die
Lehren der Heiligen Schrift genährt wird, die die wahre
Berufung der Christen aufzeigt.

Die italienische Übersetzung „verstärkt auf die Heilige Schrift fundierte Tradition" ist nicht falsch. Das Wort
„genährt" bedeutet allerdings mehr. Nur wenn das Wort
Gottes so studiert wird, daß der Theologe selbst daraus
seine „Nahrung" bezieht und somit seine Denkweise
prägt, dann wird sich in ihm selbst und im Grunde seiner Theologie die wirkliche christliche Identität zeigen.

Das Hören der göttlichen und menschlichen Überlieferung
Wenn der Theologe nun seine Identität im Hören des
Wortes Gottes gefunden hat, so wird er nicht umhin können, zum Hörer jener lebendigen Überlieferungen zu
werden, in welchen göttliche und menschliche Elemente
zusammenfließen. Die Heilige Schrift lehrt uns die Bedeutung der Geschichte Gottes mit dem Menschen, mit
seinem Volk; die Geschichte des „Rufes als Gnade" und
des „Hörens als Antwort"; die Geschichte der Gemeinschaft in der Solidarität des Heiles gegen die unheilvolle
Solidarität der Sünde (hamartía). Wenn der Theologe
Teil der Gemeinschaft des Glaubens, der Hoffnung, der
Barmherzigkeit und der Anbetung Gottes „im Heiligen
Geiste und der Wahrheit" ist, so wird er in der Lage sein,

die göttlichen Elemente von den mehr oder weniger kulturbedingten Elementen zu unterscheiden. Der Theologe wird sich an der gemeinsamen Anstrengung zwischen Hirten und Gläubigen beteiligen, um die veränderlichen Elemente von jenen Teilen zu unterscheiden, welche von allen und für alle Zeiten eine gläubige Beibehaltung fordern.

Sowohl das Hören auf das hierarchische kirchliche Lehramt, als auch auf die Lehre der Heiligen und Propheten wird dem Theologen helfen, einen „professionellen" Dienst zu leisten. Er wird nach Möglichkeit versuchen, die Gesamtheit aller unterschiedlichen Stimmen in diesem nicht leichten und nicht immer „reinen Stimmenkonzert" zu hören.

Das Hören des Rufes der Armen

Wenn wir das Wort Gottes und der Armen hören, wissen wir, daß Gott und seine Heiligen den Ruf der Armen erhören. Es ist nicht möglich, Gott richtig anzuhören, wenn wir nicht – mit Gott – die Stimme der Armen hören: der Armen im Geiste, der Armen im Sinne der Bedürftigkeit, der Leidenden, der Unterdrückten, der Ausgeschlossenen, der Geringgeschätzten, der armseligen Sklaven des Hasses, der Wut und der Gewalt. Um trösten und heilen zu können, müssen wir wie Diener Gottes hören:

„Gott, der Herr, gab mir eine gelehrige Zunge, damit ich die Müden stärken kann durch ein aufmunterndes Wort. Jeden Morgen weckt er mein Ohr, damit ich auf ihn höre wie ein Schüler. Gott, der Herr, hat mir das Ohr geöffnet. Ich wehrte mich nicht und wich nicht zurück" (Jes 50,4–5).

Ohne jene tiefe und ernsthafte Art des Hörens auf der Suche nach der richtigen Antwort wird der Moraltheologe nicht in der Lage sein, seine Identität zu finden und zu erhalten und seinen Platz in der Heilsgeschichte zu finden.

Das Erkennen der Zeichen der Zeit
Die Pastoralkonstitution *Gaudium et Spes* ist das wahrscheinlich wichtigste Dokument des II. Vatikanischen Konzils für die Moraltheologie. Diese legt dabei großes Gewicht auf die „Zeichen der Zeit"; und zwar unter Anwendung der Logik der Moral der Gnade: Achte immer zuerst auf die ermutigenden Zeichen der Anwesenheit Gottes, um Gott zu loben und um so auf seine Anwesenheit mit anerkennendem und gelehrigem Einsatz zu antworten. Nur mit dem Trost der „ermutigenden Zeichen" ist es möglich, auch mit Mut den „besorgniserregenden Zeichen" entgegenzutreten. Wer diese Logik des Hörens nicht nachvollziehen kann, der wird zu einem „Lärmschläger", der weder fähig sein wird, Heilung und Trost zu bringen, noch in sich selbst oder den anderen die von Gott geschenkten Fähigkeiten zu wecken.

Der Theologe und das ganze Volk Gottes werden viele Gebete sprechen müssen, um diese Fähigkeit der Erkenntnis zu erlangen. Der Theologe, welcher eine therapeutische Moral zu leben und zu lehren beabsichtigt, muß sehr wachsam sein, um die neuen Möglichkeiten des Guten, aber auch die neuen Gefahren zu erkennen. Er wird das Erkennen aus dem Gedächtnis kultivieren müssen, um aus der Vergangenheit Lehren zu ziehen. Und er wird die Aufmerksamkeit und Bereitschaft üben müssen, um den Herrn der Geschichte in der Gegenwart wiederzuerkennen und um den Weg in die Zukunft zu finden.

Die Moraltheologie im Dienste der Praxis des christlichen Lebens des Volkes Gottes wird sich die Erfahrungen und das Wissen der Gelehrten und der Hirten der Vergangenheit zunutze zu machen wissen, jedoch immer mit dem Blick in die Zukunft.[1] Zusammenfassend sei gesagt: Der Moraltheologe wird keine „unbewegliche" Person sein, sondern ein Mitglied des ewig pilgernden Volkes Gottes. Seine Identität ist nicht statisch, sie ist nie für immer gewonnen, sondern soll dauernd neue Vertiefung erfahren.

Zielgruppe der Moraltheologie
Die Art der gelehrten Moraltheologie hängt nicht nur von der Identität des zuhörenden Theologen ab, sondern auch von seinem Bewußtsein, wer seine Zuhörer und seine Zielgruppe sind. Dieses Bewußtsein ermöglicht es ihm, ein authentischer Hörer und Gesprächspartner zu sein. Werfen wir einen Blick auf die „neuere" Geschichte der katholischen Moraltheologie:

1) Moraltheologie für den Bedarf der Beichtväter:
a) Diese verstehen ihre Rolle als Beichtväter vor allem als „Richter", mit einem starken Gewicht auf der Prüfung der Gewissen im Sinne von „law and order". Es geht um die Einhaltung der Gesetze der Kirche und des Staates und um die Angemessenheit der Buße im Verhältnis zur Anzahl und der Art der Sünden.

b) Beichtväter, die sich als Abbild des barmherzigen Gottes in ihrer Funktion als Helfer des menschgewordenen Christus sehen. Diese Anschauung entsprach der Sichtweise des heiligen Alfonso von Liguori. Die orthodoxen Kirchen waren dieser Sicht immer treu.

2) *Moraltheologie für die Praxis des christlichen Lebens:* sowohl für Laien als auch für den Klerus, für das „Volk Gottes" insgesamt. Diese Zielgruppe wurde durch die Moraltheologie von Johann Michael Sailer und Johann Baptist Hirscher und auch durch meine Werke *Das Gesetz Christi* und *Frei in Christus* und viele weitere meiner Schriften angesprochen. Mein Werk *Shalom: Friede. Das Sakrament der Versöhnung* richtete sich sowohl an die Zielgruppen der Laien als auch der Beichtväter.

3) *Die „akademische" Welt:*
   Die theologische Gemeinschaft der Befürworter eines interdisziplinären Dialogs:
Sicherlich vergißt man auch hier die „Praxis des christlichen Lebens des Volkes Gottes" nicht. Aber dieser Kreis will einen neuen Horizont des Dialogs öffnen, Grundsatzprobleme wie zum Beispiel jene der Hermeneutik klären, die Gefahr der Ideologisierung der Moral bannen. Es geht um die Klärung des Einflusses der relativen Autonomie der säkulären Welt und der Kultur. Dieser Zweck der Moraltheologie darf vor allem in der heutigen von Multikulturalität und den unterschiedlichsten Formen des Ethos geprägten Welt nicht vernachlässigt werden.

4) *Die Moraltheologie im Dienste des kirchlichen Lehramts:*
a) die zur Interpretation der Doktrin des Lehramts für das „Volk", für die Gläubigen geleisteten Dienste; die Auslegung der Erfahrungen, Hoffnungen, Schwierigkeiten und Zweifel der Gläubigen für das kirchliche Lehramt;

   b) Dienstleistung der religiösen Pflichten für den Seelsorger; das hierarchische Lehramt in den neuen

Sichtweisen und Einstellungen; ein zeitweise fast prophetischer Bereich angesichts neuer Entwicklungen.

Der Moraltheologe muß in dem absoluten Bewußtsein handeln, daß seine Moral den richtigen Erwartun-
gen seiner Zielgruppe, ihrer Auffassung von der Welt
und der Kirche, ihrer Kultur und ihren Zweifel etc. zu
entsprechen hat. Das Bewußtsein über die anzuspre-
chende Zielgruppe wird sowohl die Form des Aufneh-
mens als auch die Antwort und die notwendige Qualität
des Dialogs bestimmen. Der Moraltheologe braucht ein
Feed-back. Dazu ein Beispiel: Während des Verfassens
meiner Veröffentlichung über die medizinische Ethik
mußte ich die Welt der Medizin kennenlernen, ihre Probleme und ihre Ansichten studieren. So legte ich vor der
Veröffentlichung meinen Text einigen Ärzten und Kran-
kenschwestern zur Lektüre vor. Vor der Veröffentlichung
eines Werkes über die Ehe legte ich mein Manuskript
Eheleuten zum kritischen Mitlesen vor.

Aufbau einer Synthese

Die Synthese der Moraltheologie für die Praxis des
christlichen Lebens muß so gestaltet sein, daß sie dem
Gläubigen und dem Theologen selbst eine Hilfe beim
Finden seiner Lebensgestaltung, seiner vollen Identität
und Integrität, seiner Vereinigung zwischen Glauben
und Leben ist. Die Erarbeitung einer der Botschaft des
Evangeliums treuen und den Zeichen der Zeit angemessenen Synthese ist keine einfache Aufgabe. Ihr Erfolg
hängt zu einem großen Teil von der persönlichen Identität des Theologen selbst und von seiner Eigenschaft als
Zuhörer und Gesprächspartner ab.

Die Synthese muß so beschaffen sein, daß sie ein
leicht mit allen anderen guten Gründen zu kombinieren-

des *Leitmotiv* entstehen läßt. Im wesentlichen allerdings soll die Synthese den bereits in der Heiligen Schrift festgelegten Grundsätzen treu sein. Ohne Anspruch auf Vollständigkeit möchte ich hier in der Folge einige nicht zu vernachlässigende Aspekte aufzeigen:

1.1 Der Bund

Der Bund *(berith)* stellt einen – wenn nicht den wichtigsten – Grundsatz des Alten Testaments dar. Er ist eine Gabe Gottes an sein Volk und ruft uns zur Treue gegenüber Gott und zur Solidarität zwischen den Mitgliedern des Bundesvolkes. Dadurch fühlt sich das auserwählte Volk aufgerufen, vor allen Völkern Zeugnis abzulegen.[2]

Das Ideal des Bundes wird im Neuen Testament in unterschiedlicher Form immer wieder aufgezeigt. Die große Wahrheit ist, daß sich in der Gestalt Christi Gott als Vater aller Menschen offenbart und daß Christus für alle stirbt. Er ist das Bündnis aller Völker und Geschlechter. Sein großes Testament ist, daß alle in seiner Liebe geeint sind, in einem Körper und in einem einzigen Geist. In der Grundsatzentscheidung spielt der Bund eine besondere Rolle: die Entscheidung für die Heilssolidarität, dem einzigen Weg aus der Solidarität des Bösen heraus, einer unheilvollen Solidarität mit dem Namen „die Sünde der Welt". Paulus erwähnt an zahlreichen Stellen diese neue Realität der Erlösten (vgl. Eph 4,1): *„Ich ermahne euch, ein Leben zu führen, das des Rufes würdig ist, der an euch erging. Seid demütig, friedfertig und geduldig, ertragt einander in Liebe und bemüht euch, die Einheit des Geistes zu wahren, durch den Frieden, der euch zusammenhält. Ein Leib und ein Geist, wie euch auch durch eure Berufung eine gemeinsame Hoffnung gegeben ist; ein Herr, ein*

Glaube, eine Taufe, ein Gott und Vater aller, der über allem und durch alles und in allem ist."

Nur ein egozentrischer Individualismus konnte diese für das christliche Leben grundlegende Moral vernachlässigen.

1.2 Das Reich Gottes

Dieses stellt einen Hauptgrundsatz der Synoptiker dar. Durch das Kommen Christi kommt der Herr, der uns durch seine gewaltfreie Liebe und mit seiner zum Gesetz seines Reiches und seines Volkes werdenden Barmherzigkeit aufruft: *„Seid barmherzig, weil auch euer Vater barmherzig ist!"* (Lk 6,36)

Die Seligpreisungen und die Grundgebote sind Zeichen des Reiches Gottes, das durch die Gnade, die den Sünder rechtfertigt und anzieht, bestimmt ist. Christus zeigt uns das Reich des Vaters als einfacher und leidender Diener, um so Feinde und Sünder in Kinder Gottes zu verwandeln.

Auch diese Sicht ist Teil der Solidarität des Heils auch gegenüber unseren Feinden, um zur Ehre des einzigen Vaters alle Menschen zu Brüdern und Schwestern zu machen.

Johann Baptist Hirscher hat diese Aussicht zum Leitgedanken seiner Synthese erhoben: *Die christliche Moral als Lehre von der Verwirklichung des göttlichen Reiches in der Menschheit* (Tübingen 1835). Noch heute kann man seinen durch die biblische Erneuerungsbewegung noch verstärkten Einfluß feststellen.

Diese Synthese betont die Aufgabe des Heils, die Mission für den Frieden und die Gewaltfreiheit, die Überwindung des individuellen und kollektiven Egoismus.

Weiters sollen das Gesetz der Gnade und der Dankbarkeit, das Gesetz des Wachsens, der dauernden Bekehrung und der Mitverantwortlichkeit in der Kirche und in der Gesellschaft betont werden.

Ich denke, daß meine Betrachtungen in *Das Gesetz Christi* mit dem Bild des Aufrufs und der Mitverantwortlichkeit dem dynamischen Aspekt des „Reiches Gottes" treu bleiben.

Die Aussicht der Bekehrung muß in der Erwartung des Reiches Gottes, des Reiches der Liebe und der erlösenden Gerechtigkeit und des Friedens weiterentwickelt und ergänzt werden. Christus predigte die Frohe Botschaft und sagte: *„Die Zeit (kairòs) ist erfüllt, und das Reich Gottes ist nahe. Bekehrt euch und glaubt an das Evangelium!"* (Mk 1,15)

1.3 Das österliche Geheimnis

Das österliche Geheimnis muß in jeder Synthese eine Schlüsselrolle spielen: Es ist das Geheimnis des Glaubens, der höchste Ausdruck der erlösenden Liebe Gottes und seiner Gewaltlosigkeit. Das österliche Ereignis ist das endgültige Wort, der höchste Ruf durch den Vater durch Jesus Christus. Es ist die perfekte Antwort durch Christus im Namen der erlösten Menschheit: Durch die Salbung des Geistes wird Christus zur gesegneten Gabe und eröffnet uns den Schatz des Geistes, dies in einem immerwährenden Ereignis der Liebe und des gegenseitigen Gebens. F.-X. Durrwell hat uns in seinen Werken die Augen geöffnet, indem er die Mitte des österlichen Geheimnisses aufzeigt. Dieses ist Mittelpunkt für seine gesamte Sicht des christlichen Lebens, der Eucharistie, der Verkündigung, einer christuszentrierten Pneumatologie und Trinitätslehre. Diese Theologie basiert nicht auf Spekulationen, sondern auf den höchsten Offenbarungen des dreieinigen und einzigen Gottes im Geheimnis der Fleischwerdung, des Leidens, des Todes, der Auferstehung und der Himmelfahrt Christi und im Pfingstereignis.

Im vollen Licht des österlichen Geheimnisses kommt in einer Moral der Gnade den Sakramenten des christlichen Lebens ein privilegierter Platz zu. Der Ausgangspunkt liegt nicht in den sieben Sakramenten, sondern in Christus als dem Ursakrament, der sich uns im österlichen Geheimnis offenbart. Die Kirche als auserwählte Gemeinschaft ist aufgerufen, in immer größerem Maße in Christus das Sakrament des Glaubens, das Zeichen der Einheit mit Gott und des Bundes des Menschengeschlechts zu sein und zu werden (vgl. Lumen Gentium Nr. 1). Die Feier zum Gedächtnis des österlichen Geheimnisses muß als Aufruf an jeden einzelnen Christen und an die Gemeinschaft der Christen gesehen werden, in den Sakramenten als sichtbare und wirksame Zeichen des Reiches Gottes immer vollkommener zu werden.

Die Fruchtbarkeit der Sichtweise des „österlichen Geheimnisses" und der Sakramente des „Reiches Gottes" für die Moraltheologie hängt sehr stark davon ab, wie die Sakramente im Leben und in der Gemeinschaft der christlichen Gemeinden umgesetzt werden. Magnus Jocham veröffentlichte im vorigen Jahrhundert ein moraltheologisches Werk unter dem Titel *„Moraltheologie oder die Lehre vom christlichen Leben"* (München 1852). Das Hauptaugenmerk in diesem Werk lag auf den „Geheimnissen der Kinder Gottes" bzw. auf den „durch die Sakramente geheiligten Kindern Gottes". Eine starke Betonung lag auf dem Geheimnis des mystischen Leibes Christi als Form und dynamische Norm im gesamten christlichen Leben. Jocham gelang es darin sehr anschaulich, die Moral der Gnade im Sinne des Johannes und des Paulus darzustellen. Leider fand seine Moral kein breites Echo. Ich denke, daß dies daran lag, daß diese „sakramentale" Wirklichkeit schwer zu sehen war und in der Glaubenserfahrung der Zeit der Restauration unterging.

1.4 Die Nachfolge Christi

Als ich mit dem Studium der Moraltheologie begann, hatte Fritz Tillmann zweifelsohne einen großen Beitrag zur biblischen Erneuerungsbewegung in der Moraltheologie geleistet. Anfänglich war er Exeget. Doch als er wie viele andere Exegeten „diszipliniert" wurde, wählte er die Moraltheologie als Betätigungsfeld, da er sich dort freier bewegen konnte. (F. Tillmann, *Handbuch der katholischen Moraltheologie,* unter Mitarbeit von Theodor Steinbüchel und Theodor Müncker, Düsseldorf 1950.) Die beiden von F. Tillmann verfaßten Werke heißen: *Die Idee der Nachfolge Christi* (Bd. III) und *Die Verwirklichung der Nachfolge Christi* (Bd. IV). Im Ausland erntete eine falsche Übersetzung des Titels „Die Nachfolge Christi" mit „Die Imitation Christi" harte Kritik. Man vermutete darin den Gedanken einer rein äußerlichen Nachahmung und einer Form von Individualismus, wie sie in der „*Nachfolge Christi*" des Thomas von Kempten gegeben sind. Doch F. Tillmann folgt als guter Exeget der Einstellung der Synoptiker: *akoluthéin* heißt, Christus auf seinem Leidensweg folgen, in enger Lebensgemeinschaft mit Christus, dem lebenden Evangelium zu folgen.

Ich habe von F. Tillmann viel gelernt. Doch versuchte ich schon seit dem Erscheinen der ersten Ausgabe von *Das Gesetz Christi* eine Synthese zwischen der synoptischen Theologie und den Lehren des Johannes und Paulus herzustellen. Der Titel *Das Gesetz Christi* bezieht sich auf den Brief an die Galater. Das ist ein großes Dokument der Freiheit und Solidarität in Christus. Im speziellen beziehe ich mich auf den Passus Gal 6,2: *„Einer trage des anderen Last; auf diese Weise erfüllt ihr das Gesetz Christi."*

Es handelt sich also um eine großartige Vision von Bündnis und Heilssolidarität, als Ausdruck und Bedingung für die Wahrheit und für die Freiheit, zu der uns Christus aufgerufen hat. Ich habe gleichermaßen an den klassischen Ausspruch Christi *ennomos Xristoú* (1 Kor 9,21), an *„christliche Ennomie"* gedacht, an das Leben in Christus als höchste moralische Norm. Dieses *Leitmotiv* wiederholt sich auch in meinem Werk *„Frei in Christus"*. Der Titel *„Das Gesetz Christi"* wurde von einigen, die das Werk nicht gelesen hatten, hart kritisiert. Sie beweisen damit eine mangelnde Kenntnis der paulinischen Bedeutung des Wortes *„Gesetz"*. Für Paulus ist *thora* als Ausdruck von *berith* (Bündnis) zu verstehen, das zum geschriebenen Gesetz unserer Herzen wird, zum Gesetz in Freiheit, zur Befreiung aus der Verkettung der Sünde.

1.5 Barmherzigkeit und Nächstenliebe

Der Kern der offenbarten moralischen Botschaft ist in der höchsten Wahrheit „Gott ist Liebe" zu suchen: die Liebe, mit der der göttliche Vater das göttliche Wort *schuf (Verbum spirans amorem* nach Thomas von Aquin). Die Liebe zwischen dem göttlichen Vater und dem göttlichen Sohn ist eine gegenseitige Gabe, ein ewiges Einander-Schenken. Sie ist der Heilige Geist. Die Liebe Gottes zu uns *will, daß wir ihn lieben (qui vult condiligentes se; Duns Scotus)*. Es ist notwendig, die Initiative Gottes, im Sinne der zuvorkommenden, der heilenden und der heiligenden Gnade *(gratia praeveniens et sanans, gratia sanctificans)* hervorzuheben. Es ist der Aufruf, Gott durch den Heiligen Geist und in Christus zu lieben: *„. . . denn die Liebe Gottes ist ausgegossen in unseren Herzen durch den Heiligen Geist, der uns gegeben ist"* (Röm 5,5).

Die befreiende und erlösende Liebe ist jene Liebeskraft, mit der wir einander mit Gott und in Gott lieben. Es ist zwar nicht möglich, aus dieser Kernaussage alle von uns angesprochenen Ansichten abzuleiten, doch diese liefert uns eine Erklärung für die befreite und erlösende Liebe in der Moraltheologie. Alle anderen Ansichten müssen hier einbezogen werden. Ich versuche dies wie folgt vereinfacht darzustellen.

„Der Bund" ist die Gabe der unendlichen Liebe Gottes, im Sinne einer barmherzigen Gabe. Er ist der Aufruf zur Heiligkeit, zum totalen Einsatz für die Solidarität des Heils, somit zur solidarischen Liebe. Der Glaube trägt die Frucht in der Liebe. Es ist die Frucht des Heiligen Geistes. Liebe ist somit die Frucht des österlichen Geheimnisses. Dies ist der Kern der Nachfolge Christi und des Lebens in Christus. Die Barmherzigkeit hofft alles; denn sie ist der Mantel aller Tugenden; sie ist die Verwirklichung des „Gesetzes Christi". Die Barmherzigkeit hängt von unserem erkennenden Gedächtnis ab, und sie schafft ein erkennendes Gedächtnis. Die Barmherzigkeit und die Nächstenliebe sind ein sichtbares Zeichen des Reiches Gottes in den Christen und in den christlichen Gemeinden.

Die Festlegung der Nächstenliebe und Barmherzigkeit zum Kernpunkt im christlichen Leben bedeutet nicht, daß in anderen geschichtlichen Situationen nicht ein anderer Ausgangspunkt für die Moraltheologie angemessener wäre (zum Beispiel die Befreiung, der Friede, die Seligkeit, die Hoffnung). Als Bedingung aber muß bleiben, daß auch ein anderer Ansatzpunkt sehr klar die zentrale Bedeutung der Nächstenliebe in all ihrer Tragweite zum Bewußtsein bringt.

1.6 Kreativität in Freiheit

Als Kernaussage für mein dreibändiges Werk „Frei in Christus" wählte ich das Leben in Christus und die Synthese zwischen Freiheit und Treue. Das von mir in dieser Form gewählte Motiv war ein Zeichen der Zeit: Wir leben in einer Zeit einer neuen Bewußtseinsbildung über die Freiheiten, zu welchen wir aufgerufen sind. Zuvor ist es allerdings notwendig, zu klären, zu welchen Freiheiten Christus uns aufgerufen hat und welcher Weg der Freiheit heute von uns zu begehen ist. Ich habe bewußt die Betonung auf Treue gesetzt, da heute viele gerne von Freiheit sprechen, jedoch die Kernforderung des Einsatzes im Glauben in Gemeinschaft und in gegenseitiger Treue zurückweisen. Man spricht heute gerne von Freiheit, aber man denkt dabei selten an die Treue. Ausgehend von der Idee der Freiheit, zu welcher Christus uns Menschen aufgerufen hat, werde ich alles daransetzen, den Menschen von heute klarzumachen, daß ein „Ja" zur Freiheit gleichermaßen ein „Ja" zur Treue sein muß.

Es ist wichtig, zu klären, daß in der Theologie eine Synthese nie zu einem „System" erstarren soll, in welchem man aus einer Idee alles andere ableiten will. Das christliche Leben ist weder eine Idee, noch ein deduktives System. Es ist die Heilsgeschichte in Christus und mit Christus. Es geht darum, Christus zu erkennen, mit Christus und durch den Heiligen Geist den Vater zu erkennen, den Menschen aus der Sicht Christi zu sehen und somit unsere Berufung in ihrer gesamten Tragweite zu erfassen. Die theologische Synthese entspricht folglich keinem deduktiven System, aber sie fordert eine von verschiedenen Seiten ausgehende, in einem zentralen Gedanken konvergierende Vorgangsweise. Alle von mir angesprochenen Aussichten konvergieren in Christus, in seinem österlichen Geheimnis, in welchem sich uns der göttliche Vater offenbart und sich für uns zum Quell des lebendigen Wassers des Heiligen Geistes verwandelt.

Der konkrete Ansatzpunkt und die Konvergenz des Grundgedankens sind stark abhängig von den Zeichen der Zeit, von den positiven Möglichkeiten, aber auch von den großen Gefahren und von der konkreten Zielsetzung des Beitrages zu einer systematischen Moral. Er ist zum Beispiel abhängig davon, ob man sich an eine tiefgläubige Zielgruppe wendet oder ob man die Morallehre einer sehr kritischen Generation zugänglich machen will, oder ob man die Tugend der Kritik entgegen einem lasterhaften Verhalten und einem verantwortungslosen Konformismus schärfen will.

Es ist nicht möglich, für immer eine Synthese zu bilden. Dies gilt nicht einmal für die großartige „Summa" des heiligen Thomas von Aquin.

2

Die Wissenschaft der Moraltheologie

Beziehung zwischen Theologie und Praxis

Die Moraltheologie kann als „heilige Wissenschaft"[1] bezeichnet werden, da sie die biblische Botschaft sinngetreu weitergibt. Sie vermittelt eine ganzheitliche Anschauung und liefert eine Betrachtung des Glaubens und der Heilsgeschichte unter Berücksichtigung der Zeichen der Zeit. Die Theologie eröffnet eine auch dem heutigen Menschen zugängliche Lehre und schafft somit auch für den Menschen von heute einen Zugang für den Sinn von biblischer Lehre und Offenbarung. Im Sinne einer heiligen Wissenschaft ist die Moraltheologie grundsätzlich als Instrument zur Heilsvermittlung und somit mit therapeutischer Wirkung zu sehen.

Die Moraltheologie versteht sich als ethische Wissenschaft. Sie stellt eine kritische Reflexion des ethischen Selbstverständnisses in der Kirche und ihrer Umwelt an. Dabei bedient sie sich einer wissenschaftlichen Hermeneutik. Diese Aufgabe fordert einen unbedingt kritischen Ansatz und Unterscheidungsfähigkeit betreffend das Selbstverständnis des Theologen selbst; und in einem gewissen Ausmaß auch der Gemeinschaft der Theologen.

2.1 Kritische Einstellung gegenüber der Zielgruppe

Einem großen Teil der Moralisten aus der Schule der Handbücher für Moraltheologen der vergangenen Jahrhunderte fehlte die kritische Betrachtungsweise aus einem hermeneutischen Gesichtspunkt. Abhandlungen, in denen sich die Theologen die Frage stellten, wie sich ihre eigene Einstellung oder ihre vorgefaßte Meinung über die Rolle des Beichtvaters auf ihre gesamte Lehre auswirkte, waren selten bis gar nicht vorhanden. Die Theologen stellten sich auch nicht die Frage nach der Auswahl der Probleme oder Normen, nach der Gewichtung betreffend die Gesetzgebung, nach den positiven Gesetzen der Kirche und des Staates, oder nach der vom Christen oder vom Büßer zu verantwortenden Freiheit. Der heilige Alphons von Liguori scheint in diesem Punkt eine Ausnahme gewesen zu sein. Er machte sich bewußt Gedanken über die besondere Stellung des Gewissens und über den höchsten Respekt gegenüber dem Büßer. Er hat auch klar Stellung gegen das Vorurteil bezogen, wonach dem Beichtvater fast generell die Rolle des Richters und des Kontrollors zugesprochen wurde. Michael Sailer hat sich als einer der ersten Theologen systematisch mit der Frage beschäftigt, ob es denn sinnvoll sei, eine Moral ausschließlich zur Verwendung des Klerus und für die Aufgabe als Beichtvater zu verfassen. Ich bin der Sichtweise Michael Sailers gefolgt und wählte als Zielgruppe meiner Schriften sowohl den Laien als auch den Klerus.

Diese Entscheidung hat fast mit zwingender Logik zu einem Umschwung in der Hermeneutik geführt. Der Theologe muß sich laufend mit den Meinungen und dem Selbstverständnis der Gläubigen und all seiner Gesprächspartner auseinandersetzen. Wenn man sich zum Ziel setzt, sich dem Mann und der Frau von heute verständlich machen zu wollen, so taucht unvermeidlich die Frage über deren Moralvorstellungen, über ihre Lebensgeschichte in der Familie und in der Kirchengemeinschaft, über ihr kulturelles Umfeld und ihren Beruf auf. Da der Moraltheologe es wagt, diese Fragen aufzuwerfen, muß er sich in verstärkt kritischer und systematischer Form mit seiner eigenen Einstellung auseinandersetzen.

Gehen wir zum Beispiel von der Annahme aus, daß ein Moraltheologe eine Gewissensprüfung für Kirchenprälaten verfassen wollte. Er wäre plötzlich gezwungen, sich systematisch Fragen über deren Sorgen und deren Sozialisierung in einem geschlossenen oder einem offenen Umfeld zu stellen. Durch dieses Beispiel wird auch deutlich, daß der Moraltheologe selbst in dieser Wahl stark gefordert sein wird, seine eigene Moral mit einem angemessenen Maß an Selbstkritik zu bewerten. So wird er sich zum Beispiel mit der Beziehung zwischen Religion und Moral, wie sie in seiner Familie und seinem kulturellen und beruflichen Umfeld aufgefaßt wurde, auseinandersetzen müssen. Er wird sich mit den Beziehungen zwischen Religion und Kultur, mit den Interessenunterschieden der Menschen, mit sozialen Strukturen und Wirtschaftsvorgängen beschäftigen müssen. Er wird nur dann in der Lage sein, eine Analyse seines eigenen Selbstverständnisses und seiner unterschiedlichen Gesprächspartner durchzuführen, wenn er über genaue Kenntnisse der wissenschaftlichen Methoden der Humanwissenschaften, der Religionssoziologie, der herkömmlichen Sitten und der geltenden Moralbegriffe[2] verfügt.

2.2 Ursprung, Entwicklung und Qualität der Meinungsbildung

Die sich vor einer wissenschaftlichen Betrachtung gebildete Meinung über die Moral durchläuft einen langwierigen Prozeß von Interaktionen zwischen mehr oder weniger bewußten, wie gesunden oder kranken Gewissenszuständen. *„Unsere Einstellung hängt davon ab, welche Menschen wir selber sind."*[3]

Es muß auch hervorgehoben werden, daß nicht nur unser Charakter, unsere psychische und geistige Gesundheit ausschlaggebend sind. Die Qualität unserer zwischenmenschlichen Beziehungen, unser kulturelles, soziales und berufliches Umfeld beeinflussen unsere Einstellung maßgeblich.

Mit anderen Worten: Unser Moralverständnis ist abhängig von der Komplexität unseres Sozialisierungsprozesses. Einige Beispiele sollen hier zur Erläuterung dienen: Die Moralauffassung wird unterschiedlich sein für jemanden, der das Glück hatte, durch seine Eltern und durch die gesamte Familie die volle Erfahrung der Zärtlichkeit zu erleben, und der überzeugende Lebensbeispiele vor Augen hatte und somit eine geduldige und gesprächsorientierte Gewissensbildung erfahren hat. Anders wird das Ergebnis für jemanden ausfallen, der die schlechte Erfahrung einer erstickenden und autoritären Erziehung durchmachen mußte. In diesem Fall werden das Gewissen und das Bewußtsein des Betroffenen unter dem vollen Druck der Manipulation durch „Lohn und Strafe" stehen. Im zweiten Fall wird sich eine ungesunde Moralvorstellung auf der Ebene des „Überichs" zu einer autoritären Person entwickeln. Bedenken wir, daß diese „autoritäre Erziehung" in vielen

Schulen und in der Kirche und auch im Beichtstuhl lange Zeit überwog.

Alle gegenseitigen Beziehungen zwischen dem Individuum und der Familie einerseits, und den konkreten Strukturen, den Beziehungen und den Prozessen des Lebens im kulturellen, sozialen, wirtschaftlichen und politischen Bereich anderseits spielen eine Rolle. Die Einstellung hängt stark davon ab, ob einer in einem durch ein „niederes Ethos" gekennzeichneten Umfeld gelebt hat oder nicht. Bei einem niederen Ethos überwiegen in der Regel die Bestrafungen. So entsteht der Wunsch, sich auf einem niedrigen Niveau der Ethik zu bewegen, auf welchem keine Strafe zu erwarten ist.

Anders ist es, wenn man in einem durch ein „hohes Ethos" gekennzeichneten Umfeld aufgewachsen ist, das durch hohe Ideale von der Glückseligkeit oder vom Bewußtsein der Berufung zur Heiligkeit geprägt ist.

Unser Verständnis und die Einstellung über die Moral ergibt sich in einer gewissen Weise aus einer „Verschmelzung" aus dem Zusammenspiel der Erfahrungen und moralischen Wertungen.

2.3 Von der vorwissenschaftlichen zur wissenschaftlichen Hermeneutik

Der normale Mensch beginnt sich in der Regel im Laufe der Jugendjahre auf der Suche nach seiner Identität, mit der Gewissenserforschung zu befassen. Es kann allerdings passieren, und dies kommt auch oft vor, daß das Ergebnis des Versuches, sich von einer Bezugsperson aus der Familie oder des sozialen Umfelds zu emanzipieren, zu einer heftigen Reaktion führt. Der Sohn möchte nicht wie der Vater werden. Diese heftige Reaktion führt aber oft zu einer Verstärkung der alten Prägungen und somit in eine ausweglose Situation für die eigene kreative und selbständige Meinungsbildung.

Wir müssen uns alle mit nicht aufgearbeiteten, mit noch nicht geklärten Meinungen auseinandersetzen; dies in der Kirche und auf allen Ebenen der Gesellschaft. Man bedenke zum Beispiel die Meinung der offiziellen Kirche betreffend den „Krieg für die gerechte Sache" oder die Folterungen und die Hexenverfolgungen, die Aufrechterhaltung der Sklaverei bis ins letzte Jahrhundert.

Karl Rahner schrieb über die wissenschaftliche und kritische Aufgabe der Hermeneutik gegenüber einem Vorurteil: Es muß emotionslos festgestellt werden, daß rationale Argumente der kirchlichen Moraltheologie oft erst dann den Weg für neue Sichtweisen geöffnet haben, nachdem andere geschichtliche Faktoren bereits zum Fall der zuvor vertretenen Argumente geführt hatten. Man kann dafür auch Verständnis aufbringen, doch ist dies für den Moraltheologen nicht allzu erbauend.[4]

Sehr oft verfügten und verfügen Moraltheologen und Vertreter des kirchlichen Lehramtes über keinerlei fundierte Ausbildung im Bereich der wissenschaftlichen Hermeneutik. Eine in der Position der Selbstverteidigung verharrende und mit den konservativsten Mächten alliierte Kirche war daher nicht in der Lage, ein für die Entstehung der wissenschaftlichen Hermeneutik günstiges Klima zu schaffen.

Es handelt sich oft um vom Lehramt und den Moraltheologen ausgegebene Maximen, welche noch vor der theoretischen Diskussion in Verhaltensnormen umgewandelt wurden.[5]

Aufgrund der gesellschaftlichen und zu einem gewissen Teil auch geistigen und der juridischen Strukturen überwog in der Kirche das Herrschaftswissen über das Heilswissen. So wurde die Fähigkeit der Selbstkritik geschmälert. Auch nachdem bereits gewisse Änderungen erfolgt waren, blieb dennoch die Tendenz aufrecht, bereits vollkommen praxisfremde Argumente entgegen besserem Wissen noch weiter beizubehalten. In dieser Vorgangsweise wurden gewisse Formeln wie in einem Teufelskreis wiederholt, auch wenn diese in einem geänderten Lebenskontext nicht mehr überzeugen konnten.

Manchmal sind in offiziellen Kirchenkreisen verbreitete Meinungen zwar richtig, aber sie werden mit irritierenden Argumentationsweisen und mit einer nicht nachweisbaren Absolutheit vertreten. Karl Rahner spricht von der schlechten Argumentationsweise, welche die geänderten geschichtlichen, kulturellen und sozialen Bedingungen völlig unberücksichtigt läßt. So werden Praxis und Lebensweisheiten vernachlässigt, und „vorgefaßte Meinungen", die nur im Kreise Gleichgesinnter noch Eindruck machen, werden permanent wiederholt.

Die Entwicklung und die Geschichte der Moraltheologie in der Kirche hat nicht nur mit der Überwindung von theologisch unkorrekten oder unsicheren Argumenten zu tun, sondern sie dient vor allem der Überwindung von vorwissenschaftlichen und instinktiven Überzeugungen, die als falsch nachgewiesen wurden.[6]

Der Feind der wissenschaftlichen Hermeneutik sind die geistige Unbeweglichkeit und ein nicht immer uneigennütziger Konformismus. Nach A. Rosmini war eine der schlimmsten Plagen der Kirche die Distanz und die Entfremdung des Klerus von der christlichen Praxis des Volkes. Die Verständigung war zutiefst gestört.

Eine wissenschaftliche Ethik und die fundierte Moraltheologie anerkennen wohl die festen „Grundprinzi-

pien". Aber wenn es sich um weit von diesen Grund-
prinzipien entfernte, von geschichtlichen und gesellschaftlichen Momenten abhängige Meinungen handelt,
kann man mit Alfons Auer sagen: Alle Feststellungen
betreffend die menschliche Wirklichkeit und ihre Verantwortung und Sinnauslegung haben vorübergehenden
Wert. Die von der Ethik definierten Normen werden
durch die Praxis entweder bestätigt oder in Frage gestellt.[7] Denken wir dabei vor allem an die Heiligen, an
die Vorkämpfer der Menschheitsgeschichte.

2.4 Die biblische Hermeneutik

Heute muß der Moraltheologe über genaue Kenntnisse
in der biblischen Hermeneutik verfügen. Vorbei sind
die Zeiten, in welchen wir Bibelstellen außerhalb eines
Zusammenhanges oder eines historischen Kontextes zur
Untermauerung unserer Thesen heranzogen. Ein Beispiel dafür sind die Texte über den „Heiligen Krieg",
worin die extreme Gewalt, die Todesstrafe für Homo-
sexuelle und andere abnormale Menschen Bestätigung
finden. Basierend auf der wissenschaftlichen Exegese
(Formgeschichte, „Sitz im Leben", Zielgruppe) sehen
wir heute, daß es besonders zum Thema Gewalt und
Gewaltfreiheit widersprüchliche Textstellen gibt. Die
einen spiegeln eine traurige menschliche Tradition wider. Die anderen hingegen sind der Ausdruck einer
wachsenden göttlichen Offenbarung und der göttlichen
Lehre der Geduld.

Lesen wir daher das Neue Testament mit dem
Bewußtsein der Zielgruppe und des kulturellen Umfeldes. Wir müssen das Alte Testament immer mit Blick auf
das Neue Testament studieren. Auch die Soziologie über

das Wissen, die Lebensformen und die Lebenswerte kann uns helfen, den Zusammenhang und die Dynamik der Schriften des Neuen Testaments besser zu erfassen. Wir werden dadurch auch vorsichtiger sein, gewisse Normen (wie zum Beispiel die in der Heiligen Schrift erwähnte Unterwürfigkeit der Frau) mit absoluter Sicherheit zu zitieren. Wenn noch im vorigen Jahrhundert Kirchenmänner in hohen Ämtern versucht haben, die Rechtmäßigkeit der Sklaverei zu beweisen, so können wir sie heute mit den Argumenten der fehlenden wissenschaftlichen Bildung und der teils gewaltsamen Restauration entschuldigen.

2.5 Kritische Betrachtung und Auslegung der Dokumente des Lehramts

Zahlreiche vom kirchlichen Lehramt verfaßte Texte überzeugten in „jener Zeit" in Anbetracht der nur beschränkt gebildeten Zielgruppen und der pastoralen Schwierigkeiten einer Epoche. Wir dürfen allerdings bei der Lektüre dieser Texte nicht vergessen, daß die verantwortlichen Moraltheologen wissenschaftlich nicht besser gebildet waren als viele ihrer Kollegen. Auch in den besten Texten finden wir immer wieder Indizien dafür, daß es sich um Behauptungen handelt, die auf unkritisch angenommenen Meinungen fußen. Oft sind sie zu Recht durch den Kontakt mit der Volkspraxis des Glaubens zustande gekommen. Doch die wissenschaftliche Hermeneutik stellt einen Angelpunkt in der heutigen Moraltheologie dar. Man ist sich klar bewußt, daß man niemals die Verbindung mit der Praxis des Glaubens verlieren darf. Aber auch diese Praxis bleibt Gegenstand einer wissenschaftlichen und hermeneutischen Betrachtung.

Es genügt nicht, das, was die Mehrheit denkt oder tut, einfach gutzuheißen. Denn es könnte sich ohne weiteres um eine oberflächliche, durch den kulturellen Kontext geprägte Meinung handeln. Dies könnte vor allem dann der Fall sein, wenn diese Mehrheit nicht in einem engen Verbund mit dem pilgernden Volk Gottes lebt. In der wissenschaftliche Hermeneutik muß sich immer ein tiefer Gegenwartsbezug mit einer „prophetischen" Vision für die Zukunft im tiefen Glauben verbinden.

Die „durch das Wort Gottes genährte" Moraltheologie hat die Treue „zur hohen Berufung der Gläubigen in Christus" zum Ziel; dies in Anbetracht ihrer Verpflichtung, „Früchte der Barmherzigkeit im Leben auf Erden" zu tragen (Optatam Totius Nr. 16). Wenn wir von der Beziehung zwischen Theorie und Praxis der wissenschaftlichen Moral sprechen, dürfen wir nie diese klare christliche Dimension außer acht lassen.

2.6 Theorie und Praxis in der Befreiungstheologie

Die Ethik der Befreiungstheologie ist insofern eine wissenschaftliche Ethik, als sie in der Beziehung zwischen Praxis und Reflexion auf eine systematische Hermeneutik aufbaut. Die in Lateinamerika verbreitete Befreiungstheologie unterscheidet sich vom Großteil der Moraltheologien der „Ersten Welt" durch ihr Hauptaugenmerk auf die Armen. Die befreiende Praxis des Glaubens steht im Mittelpunkt. Es würde sich um eine banale Vereinfachung handeln, würde man sagen: „Vorher" die Praxis, „dann" die Reflexion. Vielmehr handelt es sich um eine Art Wechselspiel *(perichóresis)*. Aus der Sicht des Evangeliums hört man den Ruf der Armen. Das Evangelium führt zu einer durch eine bestimmte Vorstellung geprägten Praxis des Glaubens, die dann im Rahmen einer wissenschaftlichen Reflexion aus der Sicht des Evangeliums studiert wird. Die Reflexion erfolgt mit einem deutlichen Bezug zur Praxis. Es werden neue Kräfte und Qualitäten für die Praxis des Glaubens erzeugt. Es besteht also ein laufender und dauernder Praxisbezug. Gleichzeitig wird eine laufende Reflexion und hermeneutische Betrachtung angestellt, da es sich hier um die dauernde Einbringung in die Heilsgeschichte handelt.

Gleichzeitig muß die Praxis der Mächtigen und der Wohlhabenden analysiert werden. Eine Ideologie, in der die Mächtigen die Religion zur Durchsetzung ihrer eigenen Zielsetzungen benützen, ist anzuklagen. Karl Marx hat diesen Vorgang fälschlicherweise verallgemeinert und ihn „den historischen Prozeß" genannt. Diese Anklage widerspricht aber Karl Marx, denn wir wissen als Gläubige, daß der interessenorientierte Mißbrauch des Glaubens für einen „status quo" ungerecht und blasphemisch ist. Die offene Anklage ist notwendig, um den Mächtigen zur Bekehrung, zur Gesundung und Wiedergutmachung die Augen zu öffnen.

Mir erscheint der Ansatz zahlreicher Befreiungstheologen, die in der Beziehung zwischen Theorie und Praxis des Glaubens die Armen bevorzugen, sehr fruchtbringend.[8] Meine Sicht der Dinge ist wie folgt: In erster Linie betrachte ich die Praxis Christi, der dem Mitmenschen zuliebe unter die Armen ging und der für die Armen Mensch geworden ist. In der Verkündung des Evangeliums hat er den Armen und den Ausgeschlossenen den Vorzug gegeben. Er wurde eher von jenen aufgenommen, die sich im Inneren ihrer Herzen als Arme vor Gott sahen; von den „Armen im Geiste" (Mt 5,2). Der

Moraltheologe wird laufend hinterfragen, ob er in treuer Nachfolge Christi lebt: Mit Christus, der unter die Armen ging und mit den Armen gelebt hat, der die Frohbotschaft für die Armen und Ausgeschlossenen verkündet hat; mit Christus, der alle im Geiste zur Armut aufgerufen hat.

Der Theologe wird den wahren Praxisbezug seines Glaubens erfahren, wenn er gemäß der „ersten Seligpreisung" Jesu sich von den Armen und von den Unterdrückten, die zum Himmel und somit zum Ohr des Moraltheologen rufen, evangelisieren läßt. Wer nicht aufrichtig versucht, für die Armen gemäß dem Beispiel Christi zu leben und arm mit Christus zu sein, der wird nie eine gesunde und wirklich wissenschaftliche Beziehung zwischen Theorie und Praxis des Glaubens erfahren.

Der laufende Bezug zur Praxis Jesu und zu den „Armen im Geiste" zeigt sich in der Umsetzung des friedlichen Wirkens des versöhnenden Christus, der diejenigen, die durch Sünde Feinde waren, versöhnte. Der Moraltheologe wird sich somit mit jenen Armen identifizieren, die durch ihre Wunden und ihre Befreiungspraxis versuchen, das befreiende Evangelium für die Mächtigen, für die Ausnützer und Unterdrücker zu sein.

Die zwei Hauptkriterien für die wirkliche Praxis der befreienden und befreiten Liebe sind einerseits die Armen; und es sind andererseits die im Glauben zur Gerechtigkeit, zum Frieden und zum gemeinsamen Fest der Brüderlichkeit geladenen „Gegner".

3

Die Sünde in der Moraltheologie

Die katholische Lehre von der Sünde, und im speziellen die Moraltheologie, hat sich in den letzten 40 Jahren grundlegend verändert. Diese Veränderungen betreffen vor allem den Ansatzpunkt, die Betonung und das Ziel. Diese Art von Veränderungen hatte sich bis dato noch nie ergeben – zumindest wenn man den relativ kurzen Zeitraum von etwas weniger als einem halben Jahrhundert betrachtet. Es gab schon zu meinen Studienzeiten in den dreißiger Jahren eine Krise. Die Mehrheit von uns Studenten fühlte eine gewisse Aversion gegenüber der traditionellen „römischen" kasuistischen Moraltheologie. Es war eine Zeit, in der die Welt sich in einem Zustand der Agonie befand, und die Freiheit und die menschliche Würde durch Systeme der Unterdrückung und durch rücksichtslose Diktatoren bedroht wurden. Wir waren äußerst erstaunt, wenn unser Professor seine Zeit damit vergeudete, über irreale Probleme zu sprechen, oder wenn er sich mit Bagatellen aufhielt, die „unter Androhung der Todsünde" zu befolgen waren. Ich war sicherlich nicht der einzige, der sich mit anderen Richtungen in der Moraltheologie beschäftigte, um einen

Leitfaden und gesündere Ansichten in der christlichen Ethik zu finden. Trotzdem gab es noch einige zu unterwürfigem Gehorsam erzogene Studenten, die diese Situation kritiklos akzeptierten. In vielen Kreisen der Kirche wurde jegliche Kritik immer noch als Zeichen mangelnden Glaubens oder zumindest mangelnder „Tugend" gewertet.

Was war der Auslöser für diese plötzliche Änderung in vielen von uns Studenten und auch in vielen Laien? Ich möchte hier unsere Erfahrungen besonders hervorheben: Da war auf der einen Seite ein Kontrast zwischen einer in Aufruhr befindlichen Welt, deren Freiheit und Friede einer tödlichen Bedrohung ausgesetzt war. Und auf der anderen Seite gab es eine kirchliche Sündenlehre, die jeden Bezug zur Realität des Lebens verloren hatte. Diese Lehre war auf irrelevanten Problemen festgefahren und in einer völlig entfremdeten Form des „Heiligen" gefangen. Gleichzeitig bekamen wir glücklicherweise Unterstützung von großen Gelehrten der Bibel. Diese riefen uns auf, den Lebenshauch in der Bibel zu erfassen und die Heilsgeschichte in ihrem Innersten zu betrachten. Wir hatten allerdings auch das Glück, Humanwissenschaften wie Sozialpsychologie, Tiefenpsychologie, Religionspsychologie und *last but not least* die Wissenssoziologie studieren zu können. So war es uns auch möglich, die Moraltheologie, der wir gegenüberstanden und die vollkommen auf die zu beichtenden (entweder läßlichen oder tödlichen) Sünden ausgerichtet war, zu klassifizieren. Diese Art der Moraltheologie war für Beichtväter verfaßt, die sich als Richter sahen. Für uns bedeutete dies mit anderen Worten: Das waren Menschen, die anderen Normen auferlegten, die von Spezialisten des Herrschaftswissens erarbeitet worden waren. Hier waren aber keineswegs die Kenntnisse der authentischen Heilsgeschichte miteinbezogen, ja, diese standen oft zum Herrschaftswissen im Widerspruch.

Nach unseren Studienjahren erlebten wir dann das Trauma des Weltkrieges, den unerhörten Skandal der großen Anzahl von Christen, die zu gehorsamen Sklaven und Werkzeugen von Diktaturen wurden. Welchen Platz konnte es in Anbetracht dieser Tatsachen für eine Moraltheologie des totalen Gehorsams gegenüber den Gesetzen geben? Es war eine Moraltheologie, die einerseits unbedeutende Kleinigkeiten bezüglich der Kirchengesetze lehrte, die aber andererseits zur Erfüllung der Pflichten der Bürger (zum Beispiel zum Wehrdienst) aufrief. Sie lehrte so, als ob nichts geschehen wäre.

In dem auf den Krieg folgenden Jahrzehnt wurde die Kritik an der bisherigen Lehre über die Sünde lauter und umwälzender. Um das Jahr 1950 faßte eine Reihe von Theologen deutscher Sprache den Mut und stellte den Versuch einer neuen Sichtweise von Sünde in einer Veröffentlichung vor. Ich war unter ihnen und veröffentlichte im Jahr 1954 mein Werk „Das Gesetz Christi". Dieses wurde in unerwartet kurzer Zeit in 14 Sprachen übersetzt. Es wurde auch ins Japanische und ins Chinesische übersetzt, und es wurde tatsächlich in den wiedereröffneten Seminaren in Rotchina verwendet.

Die nach geometrischer Art (*more geometrico*) klassifizierte und von *einem richtenden Beichtvater* beurteilte Sünde konnte nicht mehr objektiv betrachtet werden. Wir engagierten uns für eine Moraltheologie, die das befreiende Gesetz Christi auf überzeugende Weise anwandte: *„Einer trage des anderen Last; auf diese Weise erfüllt ihr das Gesetz Christi"* (Gal 6,2).

Die Betonung auf Gesetz und Gehorsam wurde nun durch einen starken *Verantwortungssinn* und ein *Unterscheidungsbewußtsein* ersetzt. Das Ziel war der *reife Christ* in der Weltkirche.

Mit dem Anfang des II. Vatikanischen Konzils war das Ende der alten Handbücher der Moraltheologie gekommen. Meine Freunde und ich waren entsetzt, als wir feststellten, daß einflußreiche Persönlichkeiten der Glaubenskongregation in der Vorbereitungskommission für das II. Vatikanische Konzil verbittert darum kämpften, die alte Mentalität wieder aufleben zu lassen.

Eines der besorgniserregendsten Zeichen war das *schema dogmaticum* über die Erbsünde. Denn darin wurde die Erbsünde vollkommen außerhalb des Zusammenhanges der Erlösung betrachtet. Noch schlimmer war das *schema dogmaticum* betreffend die über nicht getaufte Kinder gerichtete Verurteilung. Über die legalistische Form der Moraltheologie wurden zwei Bände verfaßt, die dann an alle Teilnehmer des kurz bevorstehenden Konzils gesandt wurden: *De ordine morali* und *De matrimonio, castitate et caelibatu*. Wer Kenntnisse in der Wissenssoziologie (Max Scheler und anderer) hatte, konnte darin die klare Absicht erkennen, die Taufe der Kinder mit Hilfe klar definierter und alles kontrollierender Normen einzuführen. Damals erlebte ich ein zweites Erwachen, nach jener schrecklichen ersten Erfahrung der großen Zahl der dem Hitlerregime treu ergebenen Christen.

Da das Thema dieses Kapitels „Die Sünde in der Theologie nach dem II. Vatikanischen Konzil" ist, möchte ich mein Hauptaugenmerk auf das Konzil eher im Sinne eines Ausgangspunktes als eines Endpunktes legen[1], auch wenn beide Aspekte in sich vereint sind. Durch das

Konzil erfuhr die Erneuerungsbewegung der Kirche eine Verstärkung durch die Einbettung in einem weiteren Kontext. Diese Entwicklung wurde zu einer Herausforderung, größere Systematik und mehr Mut an den Tag zu legen.

3.1 Betrachtung der Menschheitsgeschichte

Die beiden Konstitutionen der Kirche *Lumen Gentium* (LG) und auch *Gaudium et Spes* (GS) betrachten die Kirche und all ihre Christen als in ihre Welt Geladene, die aufgerufen sind, das „Salz der Erde" zu sein. Der kurze Text des Dekrets *Optatam Totius* (OT Nr. 16) unterstreicht die „Erhabenheit *(celsitudo)* des Aufrufs an die Gläubigen in Christus", mit dem ausdrücklichen Auftrag, „in der Barmherzigkeit und Nächstenliebe im Leben auf Erden Früchte zu tragen". Alle Theologen sind aufgerufen, sich für eine Erneuerung der theologischen Disziplinen „mittels eines lebendigeren Bezuges zum Geheimnis Christi und zur Heilsgeschichte" einzusetzen.

Tatsächlich wird in der *Pastoralkonstitution über die Kirche in unserer Zeit* von Anfang an die christliche Solidarität mit der gesamten Menschheit und in der ganzen Menschheitsgeschichte hervorgehoben. In Einklang mit dem Anfangsprogramm versucht man darin, die wichtigsten Zeichen unserer Zeit zu erkennen und die „Situation des Menschen in der Gegenwart" zu beschreiben (GS 4–10). Es können dabei zwei wichtige Punkte hervorgehoben werden: Zuerst blickt das Konzil in kohärenter Weise auf die ermutigenden Zeichen und aktuellen Möglichkeiten der Zeit. Und erst dann beschäftigt es sich klar mit den besorgniserregenden Zeichen der Zeit. In dieser Vorgangsweise spiegelt sich der Geist des

Papstes Johannes XXIII. und des gesamten Konzils wider. So wurde den Gaben Gottes, den Zeichen seiner erlösenden Gegenwart primäre Bedeutung zuerkannt. Dies gestattet einen entschiedenen Kampf gegen die Sünde und die Versuchung.

Das Konzil enthüllt einen dramatischen Kampf im Herzen des Menschen. Einerseits bemerkt der Mensch, grenzenlos in seinen Wünschen und zu einem höheren Leben aufgerufen zu sein. Andererseits leidet er in seinem Innersten unter einer Zerrissenheit, aus der auch eine Unzahl von großen Streitfällen der Gesellschaft erwächst (GS 10).

3.2 Entscheidung für die Solidarität im Heil oder in der Sünde

So ist die Menschheit dazu aufgerufen, eine klare Entscheidung zu treffen: Die Welt von heute erscheint mächtig und schwach zur gleichen Zeit. Sie ist fähig, sich für das Gute oder für das Schlechte zu entscheiden (GS 9). In diesem Kontext wird ersichtlich, warum das Konzil vor der Option steht: für die Erlösung oder für die Solidarität in den Fesseln der Sünde. Es eröffnet sich der Menschheit der Weg in die Freiheit oder in die Abhängigkeit, in den Fortschritt oder in den Rückschritt, in die Brüderlichkeit oder in den Haß (GS 9).

Im Konzil ist der Aufruf zur Bekehrung sehr weit vom individualistischen Bußruf „Rette deine Seele" entfernt. Alle Texte des Konzils lassen eine Aufforderung erkennen, Früchte für das Leben auf Erden zu bringen. Jeder, der die Zeichen der Zeit und die besondere Lage unserer Zeit zu entziffern versucht, wird nicht umhin können, eine ausschließlich individualistische Ethik loszulassen (GS 30). Im gleichen Zusammenhang eröffnet das Konzil eine Auflistung von Sünden wider die Gemeinschaft, mit dem klaren Ziel einer weitsichtigen Bekehrung zu den „moralischen und sozialen Tugenden". Dieses Ziel beinhaltet auch die Forderung, diese in der Gesellschaft zu verbreiten, um so neue Menschen (im Sinne von Gründern einer neuen Menschheit) mit Hilfe der göttlichen Gnade zu schaffen (GS 30).

Ein aufmerksamer Leser der Pastoralkonstitution wird somit unweigerlich feststellen müssen, daß jeder Mensch nur zwischen zwei Grundsatzentscheidungen die Wahl hat: entweder für die heilbringende Solidarität in allen Lebensbereichen oder für eine Verschließung innerhalb der Sünde. In meinen Augen liegt hierin der fruchtbarste Ausgangspunkt für die postkonziliare Theologie der Erlösung und der Sünde. Ich komme in der Abhandlung der Grundsatzoption nochmals darauf zurück.

3.3 Aufruf zur Heiligkeit: In Freiheit gegen das Elend und die Unterdrückung

Nummer 13 der Pastoralkonstitution behandelt eindeutig das Thema der Sünde. Dieser Text wurde relativ spät verfaßt. Es wäre allerdings falsch, anzunehmen, man hätte sich nicht schon vor der Einfügung dieses Textes mit dem Thema der Sünde beschäftigt. Die gesamte Pastoralkonstitution ist als dringlicher Aufruf zu verstehen, sich für die gemeinsame Verantwortung, für die Umsetzung der Erlösung in allen Bereichen des Lebens und in allen Bereichen der Kirche einzusetzen. Dies erscheint der einzige Weg, um den bösen Mächten der Falschheit, des Selbstbetrugs und der Gewalt zu entkommen. Bedeutend ist, daß in Kapitel 13 die Sünde aus der Sicht der befreiten und freimachenden Freiheit betrachtet wird.

Die Sünde wird als Mißbrauch der von Gott geschenkten Freiheit entlarvt. Als Folge daraus ergibt sich, daß eine geraubte Freiheit sich in eine Auflehnung gegen den Ursprung dieser großen Gabe verwandelt und letztlich zur Unfreiheit führt. Der uneinsichtige Sünder (ob Mann oder Frau) rühmt sich weiterhin stolz seiner mißbrauchten Freiheit. Doch es ist bereits die Frucht des Erlösungsgedankens, wenn man sich wie gefesselt fühlt und man beginnt, nach der authentischen Freiheit zu streben. Der Herr selbst kam, um den Menschen zu befreien und ihm durch die Erneuerung seiner Seele und durch die Vertreibung des „Herrschers dieser Welt" Kraft zu geben (Joh 12,30; GS 13).

Kapitel 17 handelt von der Vollkommenheit der Freiheit, die eine bewußte Wahl zugunsten der authentischen Freiheit und gegen die Haltlosigkeit fordert. Denn Haltlosigkeit versteht sich zu Unrecht als Eigenschaft der Freiheit. In diesem Zusammenhang warnt das Konzil streng vor jeglichem Mißbrauch der eigenen Freiheit, denn dieser schade der menschlichen Würde und führe zur Gefangenschaft in den Fesseln dunkler Mächte. In diesem Zusammenhang ist sich das Konzil auch bewußt, daß in sinnvoller Weise über die Sünde nur unter Einbezug der heilenden und befreienden Kraft der Erlösung gesprochen werden kann. Aus diesem Grund kann die durch die Sünde verletzte Freiheit des Menschen nur durch Menschenwürde gelebt werden, indem der Mensch dankbar die Freundschaft Gottes mit der Hilfe der göttlichen Gnade annimmt. Durch diese befreiende, freiwillige und aus dem Inneren kommende Wahl kann der Gläubige „frei durch den Glauben an Gott zur vollkommenen und glückseligen Vollkommenheit gelangen" (GS 17). Dies ist einer jener zahlreichen Texte des Konzils, worin sich die Synthese zwischen Freiheit und Treue offenbart.

3.4 Respektierung von Gewissen und Treue

Zwischen Nr. 13 (Thema Sünde) und Nr. 17 (Thema Freiheit der Erlösung) behandelt Nr. 14 den Anruf an den Menschen, in sein Herz zu gehen und sein Schicksal gemäß dem Blick Gottes zu betrachten, anstatt sich durch flüchtige, durch physische oder gesellschaftlich bedingte Täuschungen trügen zu lassen. Dies ist ein Aufruf zur befreienden Ehrlichkeit. Nr. 15 enthält dann eine Aufforderung, ernsthaft nach der Wahrheit und der Weisheit zu suchen. Die Zukunft der Welt ist tatsächlich in Gefahr, wenn nicht wissende Menschen kommen werden. In Nr. 16 wird das wichtige Thema der „Würde des moralischen Gewissens" behandelt.

Die Art der Theologie und im besonderen die Betrachtungsweise der Sünde hängen zu einem großen Teil davon ab, wie das Gewissen verstanden und respektiert wird: Der Mensch entdeckt im Innersten seines Gewissens ein Gesetz, das nicht von ihm stammt. Dies ist das von Gott in sein Herz geschriebene Gesetz. Durch das Gewissen offenbart sich dieses Gesetz auf wunderbare Weise und findet in der Liebe Gottes und zum Nächsten seine Vollendung. Aus dieser Vision sollte klar hervorgehen, daß eine dem Grundsatz der Erlösung treue Befreiungstheologie grundsätzlich die Sünde in der Ablehnung Gottes und der Nächstenliebe sieht.

Auch der nachfolgende Satz spielt meiner Meinung nach eine große Rolle für eine angemessene Theologie der Sünde: In der Treue zum Gewissen vereinen sich Christen mit anderen Menschen, um die Wahrheit zu suchen und um nach der Wahrheit viele, sowohl im Leben der einzelnen als auch im Sozialleben entstehende Probleme zu lösen. Somit erscheint klar, daß Christen, die sich nicht mit anderen auf der Suche nach der Wahrheit und der Weisheit und zur Erkenntnis vereinen, sich gegen die Treue der von Gott gewollten Gewissensbildung versündigen. Gleichzeitig versündigen sie sich auch gegen die Solidarität des Heils, die sich in der gemeinsamen Suche und in der gemeinsamen Erfahrung und Reflexion zeigen sollte. Die Wechselseitigkeit des Gewissens ist ein Meilenstein der Heilssolidarität, auf dem Weg zu mehr Licht, zu mehr Freiheit und mehr Würde.

Der kurze Satz über die Situation der Menschheit ist sehr aussagekräftig und lautet: Es geschieht nicht selten, daß das Gewissen aus einer unüberwindbaren Unwissenheit heraus den Menschen trügt, ohne daß es deshalb seine Würde verliert. Dieser kurze Satz demaskiert die mangelhafte Überlegung über die Sünde in der bisherigen Moraltheologie für Beichtväter, worin nicht der heilige Respekt für das Gewissen, schon gar nicht für das irrende Gewissen, geboten wurde. Es geschah nicht selten, daß Moralisten und Beichtväter dem als Sünder oder Rebellen angesehenen Christen, der ihre Vorgaben nicht kritiklos annahm, ihre eigenen irrigen Vorstellungen mit Gewalt aufzwangen.

Nicht weniger wichtig für die Lehre von der Sünde ist die strenge Aufforderung an diejenigen, die sich wenig um die Suche nach der Wahrheit und dem Guten kümmern und somit große Gefahr laufen, daß ihr Gewissen durch die Gewöhnung an die Sünde beinahe erblindet. Während in den klassischen Handbüchern fast ausschließlich von der Sünde im Sinne einer gegen das eigene Urteil gerichteten Tat gesprochen wurde, so wird hier ein viel tragischerer Verfall im Sinne einer negativen Folge von Sünden aufgezeigt. Diese Folge von Sünde zerstört den Sinn für das Gute, die Wahrheit und die Gewissensdynamik selbst. Sie kann nicht mehr durch die Wahrheit die Liebe sprechen lassen. Wenn das Gewissen blind und gefühllos wird, werden die Sünder zu Knechten der Falschheit. Sie bewegen sich in der „Dunkelheit" der egoistischen Welt. Diese Menschen werden mit höchster Wahrscheinlichkeit den Forderungen ihres Gewissens nachgeben. Sie werden an der gemeinsamen Suche nach mehr Licht und größerer Weisheit nicht teilnehmen.

Diese kurzen Ausführungen über das Konzil sind sicher nicht alles, was gesagt werden müßte. Die von mir getroffene Wahl und Schwerpunktsetzung wurde durch das Thema dieses Kapitels bestimmt, da ich grundsätzlich das Konzil als Ausgangspunkt für eine weitgreifendere theologische Betrachtungsweise des Geheimnisses der Sünde heranzog.

4

Neue Sichtweisen der Sünde

Die Anzahl der Veröffentlichungen zum Thema Sünde nach dem „Konzil" ist groß.[1]

Es wäre nicht vorteilhaft, sich nur auf die Werke der Moraltheologen zu konzentrieren. Die gesamte Theologie beschäftigt sich in einem weiteren Rahmen mit dem Thema der Sünde und der Bekehrung. Natürlich muß der Beitrag der Humanwissenschaften in diese Überlegungen mit einbezogen werden. Ich werde versuchen, mich auf einige Schwerpunkte zu konzentrieren: Schwerpunkt auf der Grundsatzoption bzw. Grundsatzentscheidung; die Unterscheidung zwischen Todsünde und läßlicher Sünde; die Betrachtung der Sünde aus der Sicht der Freiheit und der Befreiungsgeschichte. Ich möchte versuchen, eine einseitige, auf dem Gesetz basierende Betrachtungsweise zu vermeiden. Ich werde mich vielmehr auf die Betrachtung der Sünde aus der Sicht der Erlösung und der Gnade (insbesondere des „die Sünde der Welt" besiegenden Erlösers der Welt) konzentrieren.

4.1 Die Grundsatzentscheidung

Die Kirche hat unter dem Einfluß der Humanwissenschaften und der Bibelexegese, die den Glauben als Geschichte sieht, eine ausschließlich auf die Einzeltat konzentrierte Betrachtung der Sünde weitgehend aufgegeben. Die Entwicklungspsychologie schuf eine experimentelle Basis für eine sinnvolle Überlegung zum Thema Sünde. Darin wird das allmähliche Entstehen einer Grundsatzentscheidung durch die Wirkung einer einzelnen Person oder einer Gruppe erforscht.

a) Entscheidung für das Wachsen oder für die Dekadenz
In einer auf die Einzeltat konzentrierten Theologie wurde die menschliche Handlung außerhalb ihres sozialen Kontextes betrachtet. Es wurde der Dynamik der Entwicklung oder der Regression wenig Beachtung geschenkt. Doch die Überzeugung, daß eine evolutive Interpretation der Sünde angemessen ist, gewinnt heute immer mehr an Boden.[2] Große Theologen wie zum Beispiel Karl Rahner haben in dieser Sichtweise einen fruchtbaren Ansatz entdeckt und daraus Schlüsse für eine neue Pastoralpraxis gezogen.[3] Die Person (ob Mann oder Frau) muß ihr gesamtes Leben als Selbstausdruck entweder für das Gute oder das Böse, letztlich als existentiellen Ausdruck auf die Selbstoffenbarung Gottes sehen. Gott hat sich in Christus vor uns offenbart. Auch wenn wir einzelne Entscheidungen, Taten oder Verfehlungen setzen, so stellt unsere Grundentscheidung den tiefsten Ausdruck unserer Person dar. Darin sehen wir, bis zu welchem Grad die persönliche Freiheit sich äußert und über das Ich verfügt.[4]

Die großen Entscheidungen des Lebens erfolgen auf der Wellenlänge der Grundoption, wenn sie jene Tiefe erreichen, in welcher die Person sich bewußt ist, daß ihre Entscheidung endgültige Wirkung auf die Dynamik ihres Lebens und somit über sie selbst hat. Die Grundoption ist dann für das Gute und für Gott, wenn eine Person die Wahrheit in der von ihr ausgedrückten Liebe äußert und die Lebenswahrheit mit Festigkeit umsetzt, indem sie die Verantwortung dafür übernimmt. Aus ganzheitlicher Sicht des Wachstums oder Rückschrittes findet sich in der Grundoption eine Art transzendente Erfahrung. Es geht darum, ob wir die eigene Existenz im Einklang mit dem Reich des Guten führen oder ob wir selbst zu einem Teil des Bösen werden. Eine Person strebt zu ihrem Heil oder zum Verderben. Als Folge hat die verantwortete Freiheit eine neue Ebene der Würde und der Lebenskraft erreicht; oder aber sie verfällt in tiefe Selbstwidersprüche und in den Verlust der existentiellen Wahrheit der Person.

Karl Rahner wendet diese Sicht der Grundoption ausdrücklich auf die Umkehr und die Bekehrung an. In der Reue und Versöhnung findet der Gläubige seine persönliche Wahrheit wieder. Er bekehrt sich zum Teil, wenn er sich uneingeschränkt Gott und seiner barmherzigen Liebe anvertraut. Er tut dies im tiefen Bewußtsein, daß die eigene Grundentscheidung durch eine gegen Gott und das persönliche Leben[5] gerichtete Tat nicht zerstört wird. Denn ihn umgibt die rettende Barmherzigkeit eines liebenden Gottes.

b) Option für die Solidarität im Heil oder in der Sünde
Unter der Prämisse der durch das Konzil geäußerten ernsten Warnung gegen eine individualistische Ethik

und der Rolle des Heils in Christus wird die Bedeutung der Grundoption klar. Die Grundentscheidung ist nur dann ehrlich und fruchtbringend, wenn sie Ausdruck einer eindeutigen Entscheidung für die Solidarität mit anderen, für die Mitverantwortlichkeit ist. Sie beinhaltet die Entscheidung, ein Mitglied der Familie Gottes zu sein und für das Wohl der Gemeinschaft zu wirken. Solange wir nicht eine klare und sichere Entscheidung für die Solidarität des Heils getroffen haben, bleiben wir Sklaven in der Solidarität der Sünde. Diese äußert sich in Unehrlichkeit, Selbstbetrug, in individuellem und kollektivem Egoismus. Wenn die eigenen Entscheidungen ausschließlich durch den Gedanken gelenkt sind, durch die Vermeidung gewisser Taten sich selbst oder dem eigenen Heil nicht schaden zu wollen, so werden sie in ihrer Gesamtheit nicht sehr fruchtbringend sein. Die Dinge verhalten sich anders, wenn wir in unserem Innersten eine Grundsatzentscheidung für das Reich Gottes, für das Reich der Liebe, der Gerechtigkeit und des Friedens getroffen haben. Dadurch werden Falschheit, kollektiver Egoismus und trügerische Ideologien demaskiert. Wenn wir so in die erlösende Gerechtigkeit eingegliedert werden und vom Guten umgeben sind, können wir stark und klarsichtig gegen das kollektive Böse kämpfen.

Nun wird es leichter zu verstehen, warum so viele gute Vorsätze unfruchtbar bleiben. Selbst große, für das Gute getroffene Grundsatzentscheidungen können sich als leer herausstellen, wenn ihnen nicht eine wirklich tiefe Option zugrunde liegt. Diese Art Liebe in der Gerechtigkeit und im Frieden ist allen Menschen auf der gemeinsamen Suche nach der Wahrheit gemeinsam.

c) Entscheidung für die Liebe gegenüber den Bedürftigsten

Wir können in vielen postkonziliaren Dokumenten, in neuen Erklärungen religiöser Gemeinschaften und in der Theologie wiederholt über eine bevorzugte Entscheidung zugunsten der Armen, der Unterdrückten und der Ausgegrenzten nachlesen. Diese unsere Entscheidung stellt eine Grundoption für die Liebe dar, die dann der göttlichen Gnade würdig sein wird, wenn wir uns den nach Liebe, Bestätigung oder Befreiung Bedürftigsten zuwenden. Die zwei großen Beweise für die Ursprünglichkeit unserer Grundoption bzw. Grundeinstellung sind: Erstens, wie viele Menschen suchen unsere Unterstützung, Liebe und Hilfe und sind selbst absolut nicht in der Lage, sich dafür zu revanchieren? Zweitens, wie viele Menschen, die unsere Feinde zu sein scheinen, stellen sich gegen uns? Sie sind diejenigen, die am meisten nach der Heilung, nach der Befreiung von der Gewalt und der Lieblosigkeit bedürftig sind. Die Welt von heute braucht eben diese Art von Grundhaltungen am notwendigsten.

4.2 Unterscheidung zwischen läßlicher Sünde und Todsünde

Die Betrachtung der Sünde unter Berücksichtigung der Grundeinstellung führt zu einer klareren Unterscheidung zwischen der Todsünde und der läßlichen Sünde. Durch diesen Ansatz kann der tiefgreifende, grundsätzliche und qualitative Unterschied zwischen läßlicher Sünde und Todsünde besser aufgezeigt werden. Todsünde ist dann gleichzusetzen mit einer falschen Grundentscheidung. Diese ist Sünde im tiefsten Sinne des Wortes. Die Todsünde entsteht in der Tiefe des Gewissens oder erreicht jene Dimension, worin Menschen ihre Verantwortung zur Freiheit mißbrauchen und ihrem Leben eine negative Richtung geben. In der Todsünde ist sich der Mensch in seinem tiefsten Inneren tatsächlich bewußt, daß es sich um eine seinem Leben eine endgültige Richtung weisende Entscheidung handelt; nämlich eine Entscheidung gegen die Freundschaft Gottes, gegen die Solidarität mit den Mitmenschen im Guten; um eine Entscheidung für das Böse.[6]

Es könnte sich als Folge dieser Anschauung ergeben, daß es weit weniger einzelne Todsünden gibt, als dies die kasuistischen Moralisten ursprünglich angenommen haben. Daraus folgt allerdings nicht, daß alle anderen sogenannten läßlichen Sünden kleiner und leichter auslöschbar wären. Wie dem körperlichen Tod normalerweise eine Zahl ernster Krankheiten und am Ende sehr schwere Krankheiten vorausgehen, so wird der Absturz einer ursprünglich guten Grundeinstellung hin zu einer Todsünde, nämlich zu einer Grundeinstellung für das Böse, durch viele läßliche Sünden vorbereitet. Diese werden ab einem gewissen Zeitpunkt dann zu sehr schweren Sünden und lenken den Menschen immer weiter in die Katastrophe der Todsünde hinein. So wie eine Krankheit mehr oder weniger schwer sein kann, so können auch die vielen Verfehlungen zur Todsünde führen. Sie müssen aber nicht dazu führen.

Die Geschichte des Bußsakramentes seit dem Mittelalter und im speziellen seit dem Konzil zu Trient und die damit verbundene Moraltheologie erreichten hier einen kritischen Punkt. Für die Christen von heute ist es nicht mehr leicht, die Todsünde mit „objektiven" Kriterien der Schwere der Materie zu bestimmen. Natürlich gibt es objektiv gesehen starke Gründe, um gewisse Verhaltensweisen als schwer sündhaft zu beurteilen, weil diese das Heil der eigenen Person und der Mitmenschen gefährden. Wenn wir uns mit gebildeten und kritischen Personen unterhalten, müssen wir das Schwergewicht allerdings eher auf die Option und Grundeinstellung entweder für das Gute oder für das Böse legen. Der persönliche Rückschritt führt uns leicht zu einem Kollaps. Er führt in eine fehlerhafte Richtung, die mit der Grundhaltung zum Guten unvereinbar ist.

Anstatt eine skrupelhafte Gewissenserforschung darüber anzustellen, ob die eine oder die andere sündhafte Tat eine Todsünde sei oder nicht, muß jeder Mensch prüfen, ob er sich auf dem rechten Weg befindet, ob er einer positiven Grundeinstellung folgt. Er muß auch prüfen, wie er von den ernsten oder sehr schweren Sünden, die ihn letztlich zu einer tödlichen Grundhaltung bringen könnten oder bereits gebracht haben, geheilt werden kann. Aus dieser neuen Perspektive wird es für die Gläubigen leichter verständlich sein, daß eine Grundoption für das Reich Gottes und für die Liebe von uns fordert, daß wir darauf achten und uns immer wieder bemühen, unsere Einstellung für das Gute durch entsprechende Taten zu zeigen, um die Früchte der Liebe und der Gerechtigkeit auf die Erde zu bringen.

K. Rahner warnt abschließend davor, daß es nicht allzuleicht wäre, klare Antworten auf die Frage von Menschen zu geben, ob sie eine Todsünde oder nur eine läßliche Sünde begangen hätten.[7]

Es ist einerseits wichtig, jenen Punkt der traditionellen Lehre hervorzuheben, wonach nicht alle Sünden Todsünden sind. Andererseits müssen wir uns selbst, Beichtväter und Büßer, von der quälenden Anstrengung befreien, die Trennungslinie zwischen Todsünde und läßlicher Sünde klar bestimmen zu wollen. Es könnten vielmehr neue Energien und Motivationskräfte freigesetzt werden, um einen andauernden und ernsten Versuch zu unternehmen, alle sündhaften Tendenzen schrittweise zu überwinden. Anläßlich der positiven Grundeinstellung ist ein neues Überdenken der läßlichen Sünde und der Todsünde notwendig geworden. Umfassende historische Studien[8] haben uns geholfen, uns von der repressiven Theorie in der Sexualmoral zu befreien, wonach jedes sexuelle Handeln als „schwere" Angelegenheit betrachtet wurde. Es wäre eine absurde Anschauung, jede Überschreitung der Sexualmoral sei eine Todsünde. Der neue Ansatzpunkt allerdings hat nichts mit Laxismus zu tun. Ganz im Gegenteil, es konnten dadurch neue Sichtweisen und neue Impulse für eine gesunde Sexualerziehung gewonnen werden.

4.3 Aus der Sicht der Freiheits- und Befreiungsgeschichte

In einer Moraltheologie, die sich als eine Umsetzung der uns von Christus geschenkten Freiheit versteht (vgl. Gal 5,1), wird die Sünde als Verrat und Mißbrauch der Freiheit verstanden. In dieser Theologie wird die Geschichte der Unfreiheit aus der Sicht der Erlösungsgeschichte betrachtet und als Aufruf zur Teilnahme aus vollem Herzen an der Fortschrittsgeschichte der befreienden und befreiten Freiheit verstanden.[9]

In der gesamten christlichen Tradition wurde mit dem Thema der Sünde immer die Frage nach der Freiheit aufgeworfen. Es wurde jedoch in der Moraltheologie noch nie in dieser radikalen Form über die Sünde und die Erlösung gesprochen, wie dies nach dem

II. Vatikanischen Konzil der Fall war. Aus einer dankbaren Glaubenseinstellung heraus verstehen die Christen sich und im besonderen ihre Freiheit als eine kostbare Gabe, die uns durch die von Gott geschenkte Liebe und Freiheit erwächst. Diese Grundeinstellung beinhaltet das Risiko der Erfüllung dieser uns von Gott gegebenen Freiheit, das Risiko der vollen Entfaltung, die Aufgabe der möglichst vollständigen Befreiung von allen Unfreiheiten, die sich durch die Geschichte des Mißbrauchs und des Nichtnützens der Freiheit ergeben haben. Die Freiheit des Menschen entspringt in der göttlichen Freiheit, durch die Gott seine Schöpfung liebt. Dadurch wird deutlich, daß die menschliche Freiheit nur in der Liebe zu Gott, zu den nächsten Mitmenschen, zur Kirche und zur Welt ihre treue Umsetzung in immer größerer Freiheit erreicht.

Eines der Hauptziele der Moraltheologie liegt darin, die Christen dabei zu unterstützen, ihre wirkliche Freiheit zu nützen und mit Achtsamkeit und festen Vorsätzen die Freiheit der Kinder Gottes zu leben. Betreffend die Sünde ist es Aufgabe der Moraltheologie, die Wege aus der Unfreiheit der Sünde in die immer vollere Freiheit aufzuzeigen: aus der Unfreiheit des Zwanges einer geraubten Freiheit in die bewußt als Gabe und Aufruf Gottes gelebte Freiheit; der Selbstverwirklichung mit anderen; aus der Unfreiheit der Unehrlichkeit und der moralischen Blindheit in die Freiheit der Aufrichtigkeit (mit den Worten Gandhis: *satyagraha*); aus der Unfreiheit der Fesseln des eisernen Gesetzes in die Freiheit des für das Leben auf Erden fruchtbringenden Gesetzes des Heiligen Geistes; aus der Unfreiheit der Solidarität in der Sünde in die Freiheit des solidarischen Heils, des Friedens und der Gerechtigkeit; aus der Unfreiheit des Has ses und der Feindschaft in das befreiende Reich der heilenden Liebe und der Gewaltfreiheit; aus der Unfreiheit des Druckes der Schuldgefühle, der falschen Schuldkomplexe, der Unfreiheit der Verbittertheit und der Gefühllosigkeit in die Freiheit der mutigen Verantwortung für andere Menschen; aus der Unfreiheit der bösen Mächte in die Freiheit des Dienens für die Freiheit; aus der Unfreiheit der Angst vor dem Tod in die Freiheit durch die Versöhnung mit den Leiden des Lebens und mit dem Tod durch einen starken Glauben an das Geheimnis des Todes und der Auferstehung; aus der Unfreiheit des Konformismus mit allen Arten von Egoismus und Ideologien in die Freiheit im Heiligen Geist und in die Öffnung für solidarische Aufgaben; von der Unfreiheit der Engstirnigkeit und des eingefleischten Individualismus in die Weite der Freiheit für andere, in die fleischgewordene Freiheit im sozialen, wirtschaftlichen, kulturellen und politischen Leben der Mitmenschen.

Es ist offensichtlich, daß aus dieser Vision eine neue Reihe von Sünden sichtbar wird, die nicht so sehr auf die detaillierte Beichte vor einem Priester ausgerichtet ist, sondern auf eine persönliche Gewissenserforschung. Ihr Ziel ist eine neue Beständigkeit im Guten und in unserer Mitverantwortlichkeit in der Geschichte der Freiheit und der Befreiung.[10]

Diese Art der Gewissensprüfung wird vor allem für Personen, die großen Einfluß in der Kirche und in der Gesellschaft ausüben, eine starke Herausforderung sein. Ihre Sünden gegen die Freiheit sind viel tragischer als die Sünden der anderen Christen: Tun wir alles, um die Kirche zu einem lebendigen und ansprechenden Zeichen der fleischgewordenen Freiheit und zu einem sozialen

Befreiungsinstrument zu machen? Oder benutzen wir statt dessen unseren Einfluß und unsere Autorität, um uns Menschen unterwürfig zu machen, statt sie auf dem Weg der kreativen und verantwortungsvollen Freiheit zu ermutigen? Belohnen wir den faulen und ichbezogenen Konformismus, während wir jede mit Respekt und Verantwortungsgefühl ausgedrückte Kritik bestrafen? Erweitern wir unseren Horizont, indem wir auf die Weisheit und die verantwortungsbewußte Freiheit in der geteilten Erfahrung und Überlegung blicken? Oder versuchen wir im Gegenteil, die unerläßliche Verflochtenheit der Gewissen zu leugnen, indem wir unsere Entscheidungen anderen aufdrängen, ohne auf deren Gewissen zu achten? Drängen wir auf unser Wissen durch den Verweis auf unser Amt, während wir vergessen, tatsächliche durch Weisheit und Wissen gebildete Kompetenz zu erlangen? Akzeptieren wir Kritik mit Freundlichkeit, oder ziehen wir es vielleicht vor, auf Schmeichler zu hören?

Die neuere Theologie, im besonderen die Befreiungstheologie, setzt ihren Schwerpunkt auf die Tatsache, daß jede Sünde gegen unser Gewissen die Berufung anderer, an der Geschichte der befreienden Freiheit teilzuhaben, verletzt. Jede Sünde verringert unsere Einsicht für das Gute und vergiftet das Umfeld des Menschen. Die Sünden gegen die Freiheit fallen sicher auf den Sünder zurück und machen ihn blind und gefühllos; sie verringern seine Fähigkeit, die Bedürfnisse für die eigene und fremde Freiheit zu erkennen.

Es ist ein großes Verdienst der lateinamerikanischen Befreiungstheologie und ihrer Vertreter in der übrigen Welt, eine genaue Sündenlehre unter dem Gesichtspunkt der Befreiungsgeschichte erarbeitet zu haben. Darin wird systematisch die Aufmerksamkeit auf verschiedene Formen des Mißbrauches und Unterbindens der Freiheit gelenkt, wie zum Beispiel: die Sünden der ungerechte Strukturen ausnützenden Unterdrücker, die diese aufrechterhalten und gegen mögliche Änderungen zur Verwirklichung der Gerechtigkeit und der Freiheit verteidigen. Diese Theologen zeigen zu Recht jeden Mißbrauch der Freiheit durch die Mächtigen und Reichen auf. Dies gilt nicht nur für den Mißbrauch der Ideologie, sondern auch, wenn die Reichen versuchen, die Religion zum Zweck der Aufrechterhaltung ihrer ungerechten Privilegien und unrechtmäßig erworbenen Reichtümer zu benutzen.

Die Befreiungstheologie beschäftigt sich mit dem vom Marxismus an die Religion im allgemeinen und an die Kirche im besonderen gerichteten Vorwurf, sie wäre ein entfremdeter und entfremdender „Überbau", der die Erhaltung bestehender Ungerechtigkeit begünstigt. Die Befreiungstheologie verzichtet auf eine sterile Apologetik und beschäftigt sich mit den tatsächlichen Ereignissen, mit gut dokumentierten Fällen. Sie kann allerdings auch oft unter Beweis stellen, daß manche Dinge nicht geschehen sind. Der Mißbrauch der Religion wird in prophetischer Weise bei Karl Marx angeklagt. Die Befreiungstheologie sagt nun: Wenn die Religion und das Kirchenvolk es zulassen, daß sie zum Nutzen ungerechter und unmenschlicher Strukturen benutzt werden, dann ist dies eine himmelschreiende Schuld. Man muß jede Anstrengung unternehmen, damit niemand diesen Mißbrauch zu rechtfertigen versucht, indem er behauptet, es handle sich um ein unausweichliches Faktum der historischen Dialektik. Es ist eine Tragödie, daß die Kirchenobersten so wenig im Marxismus und der

70

Befreiungstheologie gebildet sind. So sehen sie nicht, daß die Befreiungstheologie die stärkste Widerlegung des Marxismus ist. Denn sie zeigt einen Weg zur Überwindung der für die große Verbreitung des Marxismus verantwortlichen Ursachen. Für die Kenner der Geschichte und der Befreiungstheologie ist es eindeutig, daß die durch mächtige Politiker einseitig informierten Kirchenmänner, die die Befreiungstheologie statt das soziale Unrecht anklagen, selbst mächtige Vertreter der „Sünde auf Erden" sind. Diese Informanten unterstützen nämlich durch ihre gezielte Arbeit „sündhafte Situationen", „sündhafte Strukturen" und „institutionalisierte Versuchungen". In den Dokumenten der lateinamerikanischen Bischöfe von Medellín und Puebla wird dazu eine klare Stellungnahme abgegeben. Diese können sowohl ehrlichen Kommunisten, als auch aufrichtigen Christen die Augen öffnen. Vielleicht haben viele mit einer Art „gutem Gewissen" Widerstand geleistet gegen die durch die Heils- und Befreiungsgeschichte geforderten tiefen Veränderungen.

Zu Recht klagt die Befreiungstheologie den nachfolgenden abwegigen Ratschlag an: „Verändere dein Herz, und der Rest wird von selbst kommen!" Diese Anklage gilt für all jene Fälle, in denen der Ratschlag zur Beruhigung des Gewissens derjenigen dient, die nicht wirklich eine tiefgreifende Änderung der öffentlichen Meinung und der schadhaften Strukturen der Gesellschaft wünschen. Wir wollen hier besonders hervorheben, daß sich das Herz eines Menschen nur mit dem ausdrücklichen und klaren Bewußtsein ändert und daß diese Änderung einen scharfen Verantwortungssinn impliziert. Damit ist die Verantwortung in der Familie, in der Basisgemeinschaft, in der Stadt, in der Pfarre, im sozialen, im wirtschaftlichen und im kulturellen Leben gemeint. Die Betonung auf der „Veränderung des Herzens" ist nur dann richtig, wenn das „Herz" in seinem tiefsten Sinn die Beziehungen der Menschen, das Miteinander-Dasein und das Füreinander-Dasein mit einbezieht.

Eine individualistische Ethik und Frömmigkeit haben die Augen der Menschen für ihre soziale Verantwortung allzuoft blind gemacht. Oft haben sich Personen in verantwortungsvollen Positionen in der Kirche und in der Gesellschaft mehr um die „Bekehrung der Herzen" in der Form von Gehorsam und Konformismus gekümmert. Dabei wurde vor allem jede Art der Kritik und der Uneinigkeit gerügt. Für eine ursprüngliche und christliche Bildung des Gewissens aber ist es notwendig, daß der Aufruf zur Bekehrung sehr klar und greifbar ist. Der Aufruf versteht sich als Bekehrung zur sozialen Verantwortung und zur Bereitschaft, für eine gerechtere, weniger unmenschliche Welt und für eine transparentere Kirche zu arbeiten und zu leiden.

In Anbetracht der radikalen Veränderungen des Verhältnisses zwischen Arbeitszeit und Freizeit sollten wir die Betonung nicht nur auf die (wenn auch höchst notwendige) gerechtere Verteilung der sozial nützlichen Arbeit setzen. Wir sollten auch den Verantwortungssinn schärfen, daß wir uns mit größerer Bestimmtheit für eine wirklich befreiende und befreite Nützung der „Freizeit" einsetzen.

4.4 Wie sollen wir über die Sünde sprechen?

Kurz nach dem Konzil machte der weltweit bekannte Holländische Katechismus mit einer sehr bezeichnenden und spezifisch christlichen Art, über die Sünde zu sprechen, den Auftakt. Es wird darin die Sünde nur mit Blick auf die Erlösung und die heilende und befreiende Gnade gesehen. Joseph Ratzinger schrieb die nachfolgende Beurteilung des Kapitels der Sünde im Holländischen Katechismus: *Ich meine, daß zu den schönsten und menschlich wirkungsvollsten Kapiteln auch jenes über die Sünde zählt. Darin geht nichts von der tiefen Ernsthaftigkeit dieses Themas verloren, sondern es wird der destruktive Moralismus der Kasuistik überwunden und die entscheidende Botschaft auf neue Art wiederbelebt.*[11]

Der Großteil der nachkonziliaren „Katechismen" folgte sinngemäß diesem Modell.[12] Karl Rahner drückt sehr treffend die gesamte Sicht in wenigen Worten aus: *Hätte Gott nicht genau in der Offenbarung seiner Gnade über die Sünde gesprochen, so würden wir unsere Schuld leugnen oder wir würden verzweifeln.*[13]

Er hat offen die unangenehme Frage aufgeworfen, wie häufig und wie oft das Thema der Sünde im Kerygma und in der Theologie auf sündhafte Weise behandelt wurde.[14] Insgesamt kam die Theologie zum Schluß: Es sollte keine isolierte Sündenlehre mehr geben. Unsere gesamte Betrachtungsweise der Sünde sollte vielmehr dem Geiste des Paulus treu sein: *„wo jedoch die Sünde mächtig wurde, da ist die Gnade übergroß geworden"* (Röm 5,20).

Die Gnade und die übergroße Güte Gottes sagen viel mehr über die Boshaftigkeit und das Elend der Sünde aus, als ein bloßer Blick auf das Gesetz. Alles, was über die Sünde gesagt werden kann, sollte uns durch das Wort Gottes vermittelt werden: *„Denn ihr steht nicht unter dem Gesetz, sondern unter der Gnade"* (Röm 6,14).

Die eschatologischen Ermahnungen gewinnen dann ihre volle Kraft, wenn sie in dem Licht der wunderbaren göttlichen Verheißungen für den treuen Diener und der Macht der Gnade Gottes betrachtet werden. Nur so werden wir das volle Ausmaß des Mißbrauchs durch die Sünde und der Ernsthaftigkeit unserer Entscheidungen erfassen.

4.5 Die Sünde der Welt und der Erlöser der Welt

Während der letzten 30 Jahre stellten viele Theologen fest, daß die traditionelle Lehre über die Erbsünde für kritische Christen nicht mehr sehr angemessen war. So fühlte man sich verpflichtet, das Thema unter Miteinbezug der Grunderfahrungen ernster Gläubiger neu zu überdenken. Eine Rückkehr zum biblischen Ausdruck „Sünde der Welt" erschien fruchtbarer.[15] Offen bleibt die Frage, ob „Erbsünde" etwas mehr oder etwas weniger als „Sünde der Welt" bedeutet. Beide Ausdrücke haben gemeinsam, daß die Sünde nicht etwas ist, das gänzlich durch die Unvollkommenheit der Schöpfung gerechtfertigt werden kann: Die Sünde wurde zuerst von einem Sünder begangen. Und die Macht der Sünde ist gewachsen und kann selbst jetzt aufgrund der Sünden vieler weiter wachsen.

„Die Sünde der Welt" ist der fleischgewordene Egoismus! Die schlimmste Inkarnation der Sünde der Welt ist nach dem Johannesevangelium die herrschende jüdische Priesterklasse. Nicht einmal die Gebete Jesu können den Mißbrauch der Religion durch die Machtgier der Priester verhindern. Der Lauf der „Sünde der Welt" wird in der Erzählung über die Versuchung Jesu und bei Matthäus 16,21–23 aufgezeigt, wo Petrus „Satan" genannt wird. Denn er ist ein Hindernis auf dem Weg des Erlösers. Die biblische Theologie zeigt auf, daß der Mißbrauch des

Lebens in der „Sünde der Welt" durch den Erlöser Jesus Christus aufgedeckt wird.

Karl Rahner weist auf eine „Unheilssituation" in der Welt um uns hin, in die wir hineingeboren wurden. Es handelt sich um eine verlockende und gefahrenvolle Situation, da sie in unserer eigenen „Begierde" einen Verbündeten findet. In der uns eigenen Ambivalenz ist es dann möglich, daß diese Begierde durch gefährliche Versuchungen der Ideologien, der öffentlichen Meinung, der ungerechten Strukturen in Wirtschaft, Gesellschaft und Kultur uns mitzieht. Diese Versuchungen sind ein Ergebnis vieler begangener oder übergangener Sünden. Jede Sünde von Personen oder Gruppen bestärkt die fatale Macht dieser „Unheilssituationen".

Dennoch entledigt die Versuchung in der Welt und in unserer eigenen Grundeinstellung uns nicht unserer Schuld. Wir sind zwar in einer sündhaften Welt gezeugt worden. Aber noch viel mehr sind wir in eine vom Erlöser befreite Welt geboren, der zu diesem Zweck zum Erlöser wurde. Die Sünde der Welt verliert die Wirkung ihrer Versuchung in dem Maß, in welchem wir uns in unserer gefestigten und eindeutigen Grundoption für den Retter der Welt entschieden haben. Wir können unsere Seele nicht durch eine Flucht aus der sozialen Wirklichkeit „retten". Wir können uns nur retten, indem wir uns mit Verantwortung befreiend und heilend für eine Vermenschlichung der Welt um uns, unserer Kultur und der öffentlichen Meinung, der Gesetze, der Spielregeln, der Beziehungen und der Strukturen der Gesellschaft und Wirtschaft einsetzen.

Dorothee Sölle erinnert uns mit Nachdruck an unseren Glauben an den Erlöser der Welt. Sie schreibt, daß wir nicht durch die Leere in unseren Kirchen, sondern durch die katastrophale Situation der uns anvertrauten Welt angeklagt und zum Aufwachen aufgerufen sind.[16] Ich schließe daraus, daß wir vor der Tatsache der entweihten Tempel und der verlassenen Kirchen nicht gleichgültig bleiben sollten. Doch wir sollten in uns und in all jenen, die mit der Kirche noch verbunden sind, jenes Verantwortungsgefühl der Welt gegenüber wiedererwecken, welches für die „Anbetung im Geiste und in der Wahrheit" unerläßlich ist. Wir müssen Jesus als Heiland der Welt verkünden. Wir können die traurige Situation, in welcher er sich befindet, nicht länger ertragen. Diese ist entweder durch eine Art Fatalismus geprägt, oder sie wird durch die marxistische Ideologie als Teil eines dialektischen Prozesses der Welt selbst in ihren Beziehungen, Strukturen und Entwicklungen erklärt.

Das durch die theologische Erneuerung vor und nach dem II. Vatikanischen Konzil gewachsene Bewußtsein der theologischen Erneuerung trat während der Bischofssynode (1971) über „die Gerechtigkeit in der Welt" besonders klar ans Licht. Darin wurden alle aufgerufen, für den Bau einer aus wahrer Menschlichkeit bestehenden Welt zu arbeiten und zu leiden. Dies sollte eine Welt hervorbringen, die dem Schöpfer und dem Erlöser Ehre macht (Nr. 70).

Dies ist als dringlicher Aufruf zu verstehen, in Solidarität mit anderen durch die Kraft der erlösten Freiheit und als glaubhaftes Zeichen unseres Glaubens in den Erlöser zu handeln. Wo es der Religion nicht gelingt, mit ihrer Kraft das Entstehen einer solchen fleischgewordenen Ernte der Liebe zu zeugen, stehen wir einer entarteten Religion gegenüber. Nicht der fanatische Antikommunismus, auch nicht die Fehler oder Unterlassungen übertünchende Apologetik des Glaubens können beweisen, daß der Marxismus irrt. Nur die Glaubwürdigkeit aller Gläubigen und der institutionalisierten Religionen können durch ihren Einsatz für die Befreiung der Menschen beweisen, daß der Marxismus irrt, wenn er behauptet, daß die Religion nichts anderes als eine Entartung des Menschen sei.[17]

4.6 Neudefinition der Sünde

Wir können erst dann über die Bedeutung der Sünde sprechen, wenn wir den biblischen Kontext, in welchem die Offenbarung der Sünde und die Erlösung ihren menschlichen Ausdruck findet, kennen. Weiters müssen wir auch den heutigen Lebenskontext und die Menschen verstehen, an die wir uns mit dieser immer aktuellen Botschaft wenden wollen.

Karl Marx drückte seine sozialrevolutionäre Idee vor allem in dem Gedanken der „Entfremdung" aus. Hinter seiner vordergründig wissenschaftlichen Erklärung verbargen sich die hebräisch-christliche Tradition und eine Art prophetische Wut. Marx und Engels lehnten dennoch jede Art des allein auf der Ethik fußenden Sozialismus grundsätzlich ab. Paul Tillich griff systematisch das Wort „Entfremdung" auf und gab diesem eine ethische Bedeutung: Entfremdung ist das neue und doch nicht ganz neue Wort für die Sünde, wenn man auf die Bibel und die Überlieferung schaut.[18] Ich denke, daß dieser Sprachgebrauch immer noch aktuell ist und zur Widerlegung von Karl Marx und seiner Irrtümer dienen könnte. Für uns beinhaltet das Wort Entfremdung in seinem tiefsten und weitesten Sinn nicht nur das Ergebnis aus den wirtschaftlichen und sozialen Verflechtungen, Vorgängen und Strukturen. Entfremdung bedeutet Sünde, auch wenn sie nicht vollkommen außerhalb des von Marx beschriebenen historischen Kontextes gesehen werden kann.

Ursprünglich schien der „Ungehorsam Gott gegenüber" das Schlüsselwort zu sein. In den Handbüchern gab man diesem im allgemeinen die Bedeutung des Ungehorsams gegenüber dem Gesetz. Dadurch entstand der Eindruck, daß das Gesetz der ausschließliche oder wichtigste Mittler des Willens Gottes wäre. Als Folge davon wurde die Sünde in einem rechtlichen Kontext definiert, in welchem selbst leichte Vergehen gegen die Kirchenordnung als schwere Vergehen dargestellt wurden. Der Ungehorsam gegenüber Gott war dann richtig zu verstehen, wenn der Schwerpunkt der Interpretation auf dem Bund lag und wenn das Gesetz in engstem Zusammenhang mit dem Bund Gottes gesehen wurde. Als allerdings unter der Herrschaft Hitlers die schreckliche Mithilfe vieler Christen (zum Beispiel am Holocaust) damit gerechtfertigt wurde, daß sie nur „gehorsam" gewesen waren, erschien die einfache Definition der Sünde als Ungehorsam in unserem heutigen soziokulturellen Kontext und geschichtlichen Zusammenhang völlig verfehlt.

Die Richtlinien zur Vorbereitung der Bischofssynode über die *„Versöhnung und Buße"* (1983) legten ausdrücklich den Ausdruck „Entfremdung" nahe, da der Mensch in der bösen Tat von der tiefsten Wahrheit entfremdet scheint (§ 12). Im *Instrumentum Laboris* (§ 14) wurde der Ausdruck „Entfremdung" nicht mehr gebraucht. Während der Diskussion haben zahlreiche Teilnehmer die Aufmerksamkeit nochmals auf den Ausdruck „Entfremdung" gelenkt. Im apostolischen Aufruf nach der Synode *Reconciliatio et Paenitentia* wird meist der Ausdruck

„Ungehorsam gegenüber Gott" verwendet, wobei dieser keineswegs auf den „Ungehorsam gegenüber dem Gesetz" eingeengt oder deklassiert wird. Dies besagt vielmehr, daß die Beziehung zu Gott durch Entfernung und Entfremdung abgebrochen wird: Ausschluß von Gott, Bruch mit Gott, Ungehorsam Gott gegenüber (§ 14).

Ich sehe im Paradigma der „Entfremdung" eine sinnvolle Deutungshilfe. Die Sünde stellt die Entfremdung von Gott und von der menschlichen Gemeinschaft dar. Sie stellt sich im Beziehungsgeflecht dar: Entfremdung von der Wahrheit des Ich, die Ablehnung, sich selbst im Lichte der Schöpfung und Erlösung sehen zu wollen; die Ablehnung, den leibhaftigen Jesus und Gott Vater zu erkennen. Die Sünde besteht in der Entfremdung von der Geschichte der Erlösung und vom Erlöser, von der heilenden und befreienden Kraft Gottes. Sünde ist die Entfremdung von den anderen Menschen und vom ganz Anderen. Die Sünde ist auch eine kosmische Entfremdung. Sie bricht alle Beziehungen ab, auf die das Leben und die Freiheit aufbauen. Wie die Parabel des verlorenen Sohnes zeigt, verläßt dieser sein Heim, um in einer fremden und widrigen Welt zu leben. Die Bekehrung aber bedeutet eine Rückkehr nach Hause und eine Umkehr von der Entfremdung.

Nachdem wir die Bedeutung der Sünde als Entfremdung beschrieben haben, ist es leicht, eine Vielzahl von Entfremdungen aufzuzählen: Die ungerechten wirtschaftlichen und gesellschaftlichen Strukturen führen zu einer unglückseligen Entfremdung der Arbeiterklasse, der Armen, der Arbeitslosen, die ihres durch Gott gegebenen Anspruches auf eine gesunde Teilnahme an der Kultur beraubt wurden. Wie viele Sünden wurden im

Rahmen der religiösen Kulte und Lehren, die christliche Religion miteingeschlossen, begangen? Bedenken wir zum Beispiel jene kasuistische Moral und im besonderen die Lehre der Sünde, deren Sichtweise vollkommen losgetrennt war von der heilenden Vision der Erlösung in ihrem weitesten Sinn.

Weiters gibt es Sünden der Entfremdung auf der Ebene der Kirchenstrukturen und auf der Ebene der politischen Strukturen. Es gibt Sünden der Entfremdung im Bereich der Askese und in der Frömmigkeit. Es gibt von der lebendigen Glaubenstradition begangene Sünden im Sinne eines sturen Traditionalismus. Es gibt eine Vielzahl von Sünden, die sich gegen eine dynamische Entwicklung richten, die den Rückschritt, das Stehenbleiben und die Trägheit ausdrücken. Viele Christen und kirchliche Amtsträger sind gegenüber der Sünde der Entfremdung blind geworden. Dies bedeutet, daß viele Personen oder Gruppen in der Kirche und in der Gesellschaft sich selbst entfremden und sich in einer Selbstgenügsamkeit einschließen. Sie erheben den Anspruch auf Autorität, ohne sich um die Erfahrungen und gemeinsamen Erkenntnisse zu kümmern. Sie verschließen sich gegenüber den Erfahrungen und der Kompetenz von Personen, die keine Autoritätsposition bekleiden. Eine der größten Bedrohungen erwächst der Menschheit aus jenen Personen und mächtigen, machthungrigen Gruppen, die sich hinter einer Pseudounschuld und Selbstgerechtigkeit verschanzen. Sie sind es, die dann letztlich jede Art der Gewalt, der Folter und des sinnlosen Krieges rechtfertigen. Dann gibt es da noch die sogenannten „Unheilspropheten", die zwar die besorgniserregenden Zeichen der Zeit aufzeigen, aber ihre Hintergründe nicht sehen wollen. Dadurch blockieren sie den Erkenntnis-

prozeß und den verantwortungsbewußten Umgang mit
den sich bietenden Gelegenheiten zum Guten, zum
Wachstum und zur gemeinsamen Bekehrung.

Die Theologie der Sünde in der Bischofssynode 1983
Die verschiedenen, während der Vorbereitungszeit verfaßten Dokumente, die zahlreichen Beiträge der Teilnehmer und natürlich die postsynodale Apostolische Ermahnung von Papst Johannes Paul II. zeigen uns, in welchem Ausmaß die Anstrengungen der Theologie nach
dem II. Vatikanischen Konzil ein Echo gefunden haben.

4.7 Die Aussicht auf Erlösung

Zweifelsohne herrscht ein starkes Bewußtsein darüber,
daß die Kirche über die Sünde nur in einem klaren
Zusammenhang mit der Erlösung, der Barmherzigkeit
Gottes und seiner heilenden Gnade sprechen kann. Es
liegt dabei eine starke Betonung auf der Versöhnung
durch Gott. Es ergeht ein dringender Aufruf, versöhnlich
zu sein und sich zu versöhnen, zu vergeben und zu heilen. Der zweite Teil der Apostolischen Ermahnung steht
unter dem Titel „Die Liebe ist größer als die Sünde".
Das Mysterium der Sünde wird durch das Mysterium
der Frömmigkeit (§ 19–20) erleuchtet. Die notwendige
Anstrengung des Christen entsteht aus der Erfahrung
der heilenden und rettenden Barmherzigkeit Gottes (§ 21
u. 22). Die Arbeit der Kirche, sich zu versöhnen und zugunsten der Versöhnung unter den Christen und mit der
Welt zu wirken, steht in engem Bezug zur Tatsache, daß
die Kirche selbst durch die unverdiente Gnade Gottes
versöhnt ist. Die Sünde erscheint uns in ihrer bedroh-
lichen Größe erst durch den Blick auf den unendlich

barmherzigen Gott. So wie die Erlösung und die Versöhnung Gottes aus sozialer Sicht gesehen werden, so stellt sich auch die Sünde in sozialer Sicht dar. Sünde ist keinesfalls privatisiert und nur aus der Optik des einzelnen Sünders zu sehen; sie wird auch nicht nur in der Optik der Pflicht zur Beichte betrachtet. Es ergeht ein lauter Aufruf zum Verantwortungsgefühl, auch wenn dieser oft in der Bedeutung des Gehorsams definiert wird. Wir genügen der Apostolischen Ermahnung nicht, indem wir das Kapitel über die Sünde nur analysieren (§ 14–18).

4.8 Welche Unterscheidungen sind hilfreich?

Die Apostolische Ermahnung enthält einen recht langen Abschnitt über die traditionelle Unterscheidung zwischen läßlicher Sünde und Todsünde (§ 17). Dieser spiegelt allerdings nicht in vollem Ausmaß die lebhafte Diskussion während der Synode wider. Die Hauptsorge bleibt hier immer noch, die schweren Sünden zu beichten. Man fragt sich in diesem Zusammenhang, ob die Schwierigkeit des modernen Menschen, die herkömmlichen Lehren zu erfassen, in ausreichendem Maß präsent war.

Die neuere Entwicklung betreffend die „Grundsatzentscheidung" ist hier nicht mit einbezogen und wird auch nicht ausreichend bewertet. Man äußert hier vielmehr Befürchtungen, daß die Auffassung der Grundoption über die herkömmliche Lehre über die Todsünde Zweifel aufkommen lasse. Es scheint, daß man der Ansicht war, daß die Grundoption einer ausdrücklichen und formellen Verachtung Gottes gleichzusetzen sei. Doch ich kenne niemanden, der dieser Meinung ist. Ich bin allerdings überzeugt, daß kein Moraltheologe über den folgenden Satz glücklich ist: „Es ist eine Pflicht hinzuzufügen, daß gewisse Sünden aufgrund ihrer Beschaffenheit schwere und Todsünden sind" (§ 17).

Nach der heutigen Auffassung der Moraltheologie, wie auch nach unserer Überlieferung wird das Wort „schwer" in bezug auf die Materie verwendet, während das Wort „tödlich" immer im subjektiven Sinne auf die freie Tat des Menschen angewandt wird. Der oben zitierte Satz ergäbe nur unter der Bedingung einen Sinn, daß man von einem Übertreter in schweren Bereichen automatisch annimmt, daß er eine Todsünde begangen habe. Wenn man die verschiedenen Bewußtseinsebenen – unter Miteinbezug des kulturellen Umfeldes – und das eigene persönliche Bewußtsein in Betracht zieht, so erscheint es unmöglich, daß die zu Recht als schwerwiegend beurteilte Übertretung gewisser Gesetze automatisch als eine Todsünde aufgefaßt werden kann. Wir müssen auch mit höchster Umsicht die objektive und subjektive Sichtweise unterscheiden.

Die abschließende Mahnung des Papstes, eine weitere Aufweichung des Begriffes Sünde (§ 17) in der heutigen Welt mit größter Genauigkeit zu vermeiden, sollte von allen Beteiligten höchst ernst genommen werden. Rigorismus und Legalismus sind ebenso gefährlich wie der Laxismus. Sie können zu einer falschen Sichtweise Gottes und der Menschheit führen. Dadurch kann es zu einer Aushöhlung der Bedeutung der Sünde kommen. Daraus ergibt sich ein weiteres während der Synode und in der Apostolischen Ermahnung behandeltes Thema.

4.9 Zum Bedeutungsverlust der Sünde

Einige Beiträge im Rahmen der öffentlichen Diskussionen während der Synode brachten zwei gegensätzliche Mentalitäten ans Licht. Einige bedauerten einfach den Verlust der Bedeutung der Sünde und zeigten offen ihre große Trauer über einige moralische Unsicherheiten: z. B. daß man die Katholiken von heute nicht mehr dieselben Wertkriterien über läßliche und Todsünden lehrt wie früher. Zahlreiche andere Teilnehmer hingegen betonten, daß es heute viele Menschen mit einem ausgeprägteren Bewußtsein der Sünde in den äußerst wichtigen Bereichen des Friedens und der Gerechtigkeit gäbe. Die moderne Jugend steht der Form des Mißbrauchs von Religion zu egoistischen Zwecken einzelner oder ganzer Gruppen sehr kritisch gegenüber.

§ 18 der Apostolischen Ermahnung behandelt den „Verlust der Sensibilität für die Sünde". Darin spiegeln sich die zwei im Plenum geäußerten Tendenzen zu diesem Thema wider. Es gibt jedoch einen über alle Diskussionen erhabenen Fixpunkt. Die Sensibilität für die Sünde hängt grundlegend mit dem Glauben an Gott, an den barmherzigen und durch Christus offenbarten Vater zusammen. Dieser offenbarte sich uns, nicht um zu richten, sondern um zu heilen.

Wir müssen die Meinung von Johannes Paul II. voll teilen, wenn dieser uns vor der Gefahr warnt, auf Übertreibungen in der Vergangenheit mit neuen Übertreibungen in die entgegengesetzte Richtung zu reagieren. Es taucht in diesem Zusammenhang die Frage auf, ob es den über Autorität verfügenden Personen tatsächlich bewußt ist, daß das Haupthindernis für die Bildung eines gesunden und fruchtbaren Gefühls für die Sünde nicht in den Theologen von heute zu suchen ist. Das Hindernis liegt in vielen vom Evangelium entfremdeten Lehren, in lebensfeindlichen Praktiken und Strukturen. Diese rufen gefährliche Schuldkomplexe hervor oder führen zu einer Entfremdung vom Sakrament des Friedens und der Versöhnung und von den Kirchenstrukturen. Es wird daher notwendig sein, daß nicht nur einige Theologen, sondern auch die kirchlichen Amtsträger zur Einsicht gelangen: Der moderne Mensch von heute ist nicht in der Lage, auf gesunde und aufrichtige Weise eine Einstellung zu übernehmen, deren Hauptgewicht auf den einzelnen Taten und auf vielen eingetrichterten Regeln liegt, die mit der Feststellung auferlegt wurden, daß diese Übertretungen innerlich schwerwiegend und tödlich seien.

Die klarere Vermittlung positiver Werte ist viel nützlicher. Aus dieser Optik sollen dann überzeugende Argumente zugunsten beschränkender Normen vermittelt werden. Es soll ein stärkerer Akzent auf die Wachstumsdynamik und die dauernde Bekehrung einerseits, und auf die Gefahr des Rückfalls und der Dekadenz andererseits gesetzt werden. Dabei soll man mit viel Geduld zur Unterscheidungsfähigkeit erziehen.[20] Im Apostolischen Schreiben wird diese therapeutische Wirkung des Versöhnungssakramentes (§ 31) auf sehr treffende Weise unterstrichen. Wenn man allerdings die allergischen Reaktionen vieler Personen bedenkt, wenn diese das Gefühl einer alles kontrollierenden Hand verspüren, dann sollten unsere gesamte Lehre, die Katechese, das Kerygma, die Kirchengesetze und Kirchenstrukturen als Therapie gesehen werden. Sie sollten mit therapeutischer Wirkung vermittelt werden. Selbst die Reaktionen zwischen Kirchenautoritäten und

Theologen würden einen therapeutischen Ansatz fordern.

4.10 Zusammenfassung

Wir brauchen alle ein stärkeres Bewußtsein für das neue kulturelle Umfeld und die neuen Gegebenheiten unserer Zeit. Wir sollten daher mit mehr Mut den Einbezug der kulturbedingten Elemente begrüßen. Es muß in allen Bereichen mehr getan werden, um ungesunde moralische Vorstellungen zu überwinden: den Versuch, Todsünde genau definieren zu können und alles genau regeln zu können. Es geht mit verstärktem Gewicht um die Grundgebote, die unseren Aufruf zur Heiligkeit ausdrücken. Das Gewicht verlagert sich auf die permanente Bekehrung, die nie getrennt von unserem gemeinsamen Einsatz für eine Erneuerung und für grundlegende Reformen zu sehen ist. Wir müssen dringlich eine ungesunde Fixierung auf der Sexualmoral überwinden! Dies gilt ebenso für gewisse Formulierungen, die vielleicht unter anderen Voraussetzungen sinnvoll waren, aber in Anbetracht neuer Erkenntnisse keinen Sinn mehr ergeben.

Wir sollten verstärktes Gewicht auf *den heilenden Ansatz* der Moraltheologie legen. Diese neue Sichtweise sollte Hand in Hand gehen mit der verstärkten Betonung von Freiheit und Befreiung, von Wachstum der Freiheit auf vergrößertem Raum. Auf der anderen Seite sollten wir sehr gewissenhaft darin sein, auf keinen Fall Gefahr zu laufen, das Gewissen der Mitmenschen zu manipulieren. Wir sollten mit mehr Mut und Engagement alle Sünden der Entfremdung aufdecken, wenn die Religion selbst mißbraucht wird, um sündhafte Strukturen und den lasterhaften Autoritätsmißbrauch zu heiligen. Wir sollten vor allem bei der Aufdeckung der schrecklichen Sünde der Heiligung der Gewalt, der Pseudounschuld und der Falschheit nicht über das Ziel hinausschießen.[21]

Wir benötigen die heilende Kraft eines frohen Glaubens und neuer Kommunikationsformen, um die moralischen Implikationen dieses heilenden Glaubens zu vermitteln. Ich möchte diese in der Heiligen Schrift erwähnten neuen Formen „Paraklese" nennen. Die Betonung liegt nicht auf dem „du mußt", nicht auf dem „Verbot unter Androhung der Todsünde", sondern es geht darum: „Wir können und wollen das Evangelium leben." Wir sind glücklich darüber, daß der Herr uns mit seiner Gnade lehrt und uns den Tröster, seinen Heiligen Geist, gesandt hat.

5

Dringende Aufgaben

Aus der Sicht des Evangeliums und angesichts der Zeichen der Zeit fragen wir uns, welche die dringendsten Aufgaben sein werden, die sich in nächster Zukunft der Moraltheologie für die gesamte Weltkirche stellen werden. Ich bin allerdings der Überzeugung und möchte diese hier zum Ausdruck bringen, daß jeder Moraltheologe in der Schwerpunktsetzung und in der Auswahl der Themen den besonderen Problemen seines Kontinents, seiner Kultur, seiner Diözese etc. besondere Aufmerksamkeit wird widmen müssen. Ich werde mich hier mit jenen Perspektiven auseinandersetzen, die meiner Meinung nach überall in der Welt von heute und der Welt von morgen von großer Bedeutung sein werden.

Die dankbare Annahme des Gesetzes des Heiligen Geistes
Einerseits kann man in der Kirche und in der Welt von heute das Bestehen von virulenten Formen eines strengen Legalismus beobachten. Andererseits, und daran trägt auch der Legalismus einen Teil der Schuld, zeigt sich eine Ablehnung der Gesetze und der Normen, eine

Tendenz zur ethischen Anarchie, zu einem willkürlichen Subjektivismus, ein Auflehnungsgeist gegen alle Formen der Autorität.

Es ergeht somit ein Aufruf an die Moraltheologie, ihren Beitrag in dem Sinne zu leisten, daß die Gläubigen frohlocken können: „Dein Gesetz habe ich sehr geliebt" (legem tuam dilexi valde; Psalm 118, 113). Wir wollen jene Freiheit aufzeigen, zu welcher Christus uns im Kampf gegen alle Formen der Gesetzeshörigkeit und gegenseitigen Manipulation befreit hat; mit Paulus können wir sagen: *„Setzen wir nun durch den Glauben das Gesetz außer Kraft? Im Gegenteil. Wir richten das Gesetz auf"* (Röm 3,31), das *„Gesetz des Geistes und des Lebens in Christus Jesu . . ."* (Röm 8,2).

Dies ist ein charakteristischer Teil der christlichen Ethik und wird von den Gläubigen in allen Gesetzen wiedererkannt. Man findet ihn in allen Normen wieder, in welchen sich der Wille Gottes im Gewissen als eine wunderbare Gabe Gottes äußert.

5.1 Die Gnade lehrt uns

Die Handbücher für Moraltheologie der letzten drei Jahrhunderte behandelten in erster Linie eine ungeheure Anzahl von Gesetzen und Verpflichtungen, meist „unter Androhung der Todsünde". Dann wurde nur in einer kurzen Anmerkung hinzugefügt, daß Gott uns die „Mittel der Gnade" zur Einhaltung all dieser Gesetze schenkt. Daraus folgte die Verpflichtung, diese Mittel gläubig einzusetzen. Dann folgte die Abhandlung der Sakramente, da diese eine Unzahl von Gesetzen und viele Möglichkeiten der schweren oder läßlichen Sünden einschließen.

Die Heilige Schrift, besonders das Neue Testament, hingegen liefert uns eine vollkommen andere Sicht der Dinge. Der Ausdruck aus dem Brief an Titus ist prägend dafür: *„Denn die Gnade Gottes ist erschienen, um alle Menschen zu retten. Sie erzieht uns dazu, unsere Gottlosigkeit und unsere irdischen Begierden aufzugeben, besonnen, gerecht und fromm in dieser Welt zu leben und auf die selige Erfüllung unserer Hoffnung zu warten: auf das Erscheinen der Herrlichkeit unseres großen Gottes und Retters Christus Jesus"* (Tit 2,11–13).

a) Das anziehende Antlitz Gottes und seines heiligen Willens
Unter Gnade (charis) ist vor allem das wunderbare, sich in all seinen Werken und vor allem in Christus offenbarte Antlitz Gottes zu verstehen. Christus ist als Geschenk des göttlichen Vaters im Heiligen Geist zu uns gekommen. Er ist gestorben und wieder auferstanden, damit wir uns dem göttlichen Vater durch seinen Geist zuwenden.[1]

Der dankbare Glaube zeigt uns Christus nicht in erster Linie als Gesetzgeber, sondern als höchste Offenbarung der Liebe Gott-Vaters. Wir anerkennen diese Liebe als Geschenk des Vaters, als Gnade (Joh 17). *„Aus seiner Fülle haben wir alle empfangen, Gnade über Gnade. Denn das Gesetz wurde durch Mose gegeben. Aber durch Jesus Christus kamen die Gnade und Wahrheit"* (Joh 1,16–17).

Wenn wir das Erkennen Christi und des Vaters durch einen frohen und dankbaren Glauben als dankbar angenommenes Geschenk aufnehmen, so werden wir auch den auf diese Weise offenbarten Willen Gottes mit Dankbarkeit lieben.[2]

In der Heiligen Schrift bedeutet Gnade vor allem das wundervolle, sich vollkommen in Christus offenbarende

Antlitz Gottes. Indem Gott sich uns durch seine Gnade zeigt, zieht er uns an sich und bindet uns an seine Vorstellung des Heils, der Gerechtigkeit, des Friedens und seiner Liebe.

Der am Kreuz erhobene und von seinem Vater ruhmreich gelobte Christus sendet uns seinen Heiligen Geist. Dies stellt das ewige Ereignis zwischen Vater und Sohn als Sich-einander-Schenken dar. Diesen Geist vermitteln Vater und Sohn nicht, als ob es eine vom Baum gepflückte Frucht wäre. Sondern sie schenken den Geist als Gabe ihrer selbst. Indem Christus uns seinen Geist der Wahrheit schenkt, vermittelt er uns den Sinn für das neue Leben und den neuen Weg. Dies bedeutet, mit Christus und in Christus zu leben und mit ihm den Weg zu gehen.

Das uns so durch den Heiligen Geist gegebene Gesetz ist die Liebe. Sie zwingt uns nicht gegen unseren Willen, aber sie drängt uns, verwandelt und bindet uns. Wer keine Freude am Handeln nach dem Willen Gottes hat und wer diese Bindung an das Gesetz Christi nicht spürt, der kennt die Wahrheit des Lebens Christi und des Vaters noch nicht. Der kennt auch die Wahrheit im Heiligen Geist, die ein Geschenk ist, nicht.

Auch die von Christus geliebten Gläubigen, die durch den Heiligen Geist lieben, werden erleuchtet sein und werden die Aufmerksamkeit auf das wunderbare Antlitz Gottes lenken. Der Heilige Geist flößt ihnen die Gnade ein, und so können sie als Brüder und Schwestern zu Christus und zum Vater gehen, sie können den Willen Gottes tun.

Durch den Heiligen Geist nährt Christus seine Jünger mit *„der unverfälschten Milch des Geistes"* (1 Petr 2,2). Durch ihn erkennen und lieben sie Gott, den Vater unseres Herrn Jesus Christus und den Vater von uns allen (vgl. Gal 4,6). Durch den Geist erlangen wir immer tiefere Kenntnis Christi, des Bruders, der unser Herr ist (1 Kor 12,3). So lehrt er sie die Liebe zu seinen Brüdern (Röm 8,15; 8,26). Er formt ihr Gewissen, so daß sie das *„Bessere erkennen können"* (Phil 1,9).

Dies bedeutet, daß wir uns durch die Gnade zum wahren und wunderbaren Antlitz Gott Vaters hinwenden, der sich in seinem geliebten Sohn offenbart und schenkt, damit wir Kinder Gottes werden und damit wir durch den Heiligen Geist zu Menschen werden, die einander gerne die gegenseitige Liebe schenken.

b) Christus zieht uns an und lehrt uns
  seine Glückseligkeiten

In der Einleitung zum Wort Christi über die Glückseligkeiten spricht das Lukasevangelium von der anziehenden und heilenden Kraft Jesu (Lk 6,19). Dies ist ein Vorspiel zur Anziehungskraft, die vom lobpreisenden Christus erwächst, der uns seinen Geist sendet. Gott hat sich uns durch den Geist Christi geschenkt, als dankbare Gabe des Vaters an uns. In eben diesem Geist wird der Auferstandene zum Brot des ewigen Lebens, zu seiner Gabe in der Eucharistie. Dies ist das höchste Zeichen, um uns den Weg der Glückseligkeiten, den Weg der Gnade zu weisen.

Die Bergpredigt eröffnet uns all diese Gnaden und seine bindende Kraft, wenn wir darüber meditieren, wie dies die ersten christlichen Generationen mit der Sicht auf die Initiationssakramente taten. Christus gliedert uns in sein Leben und in sein Heilsprogramm durch die Taufe ein. Er zieht uns an, er ruft uns und bindet uns an sich. Er vereint die Jünger um sich (vgl. Mt 5,1).

Durch seine Taufe im Jordan nimmt Jesus die Taufe in seinem Blut wie das gewaltlose Opferlamm vorweg. Er wird vom Heiligen Geist getröstet, der auf ihn in aller Vollkommenheit und durch die Stimme des Vaters herabkommt: *„Du bist mein geliebter Sohn, an dir habe ich Gefallen gefunden"* (Mk 1,11, vgl. Jes 42,2).

Christus ward zum gewaltlosen Knecht und zum Überbringer des Friedens des Messias. Er ward als der geliebte Sohn erkannt. Daraus erwächst ihm die Kraft für seinen schwierigen Weg. Durch die Initiationssakramente bezieht Christus, der *„Arme im Geist"* (vgl. Mt 5,3), seine Gläubigen in sein Lebensprogramm ein und übergibt ihnen somit das Siegel zur höchsten Berufung: *„Wohl denen, die Frieden stiften; denn sie werden Söhne Gottes genannt werden"* (Mt 5,9).

Christus erkennt und zeigt sich in der Kraft des Heiligen Geistes als Gabe des göttlichen Vaters. Er schenkt sich dem göttlichen Vater, indem er für uns Sünder am Kreuz geopfert wird. Durch die für uns erlittenen Leiden entspringt uns der Quell der Genesung. Wir begegnen und beten ihn durch den Glauben und in den Sakramenten an, als vom Vater angenommene und geheiligte Gabe. Als erste Glückseligkeit empfinden wir in dieser Sichtweise die vom christlichen Leben ausgehende, anziehende und bindende Kraft. Alle Glückseligkeiten und somit das gesamte Leben nach dem Evangelium lehren uns: Wir müssen uns vom Heiligen Geist durchfluten lassen, denn dieser schenkt uns ein neues Herz, einen neuen Geist und ein neues dankbares Gedächtnis. Wir werden Freude daran haben, nach dem Willen des Vaters zu handeln. Und wir werden den Mut aufbringen, dem gekreuzigten Christus zu folgen.

Wir werden auch den Mut haben, ein Leben voller geteilter Liebe und Hilfe zu führen, denn dies ist die Summe des Gesetzes Christi (vgl. Gal 6,2). Die Moral der Glückseligkeiten kann und will sowohl die Angst als auch den engen Geist des Sklaven überwinden. Wer nach den Seligpreisungen lebt, der weiß, daß das Leben in Christus die Erfüllung in sich birgt: die wahre Freiheit, die Freude und den Frieden.[3] Wer zum bescheidenen Diener Christi wird, der kann mit Christus im Heiligen Geist frohlocken: *„Ich preise dich, Vater, Herr des Himmels und der Erde, weil du all das den Weisen und Klugen verborgen, aber den Unmündigen offenbart hast"* (Lk 10,21).

c) Die Neuheit des Lebens in Christus und im Heiligen Geist
Die Neuheit des von Paulus so oft erwähnten Lebens in Christus liegt im großartigen und gnadenvollen Werk des Heiligen Geistes. Das neue Leben ist ein großzügig angenommener Aufruf. Es ist die Gnade, die in den Gläubigen einen Geist der Verwunderung und des Handelns erweckt. Die zwei Worte „Ruf" und „Gnade" sind unzertrennlich, so wie auch die Botschaft des Paulus *„der Geist wohnt in euch"* und *„Christus ist in euch"* (Röm 8,9–10) unzertrennlich ist.

Das neue Leben ist ein Leben in Christus, so wie auch die Ausgießung des Heiligen Geistes die Vollendung der großen Verheißung darstellt: *„Ich lege meinen Geist in euch hinein . . ."* (Ez 36,27).

Die Gnade des Geistes ist auf wunderbare Weise schöpferisch: „Der Geist erschafft durch seine Anziehungskraft."[4] Durch das neue Leben, das Teilnahme am Leben und an der Sendung Christi in der Kraft des Heiligen Geistes ist, zieht uns der göttliche Vater an sich und macht uns für seinen Willen empfänglich.

Es handelt sich um eine Schöpfung durch die Gewaltlosigkeit, weil sie ein Werk des Heiligen Geistes ist, der ein sanfter Geist, eine anziehende gewaltlose Kraft ist. Er will den Sünder (und somit den „Feind" Gottes) in einen geliebten Sohn verwandeln, gemeinsam mit seinem einzigen geliebten Sohn Christus. Diese neue Schöpfung in Christus wird auch zur Sendung, gemeinsam mit Christus ein Diener und Heiler zu werden, zur Heilung der Menschheit.[5]

Der neue Mensch, die neue Schöpfung des Geistes, weiß sich in das große Gebet Jesu (bevor er sich zur Heilung der Welt als Opfer hingab) eingeschlossen. Einmal sprach Jesus mit dem göttlichen Vater über seine ihm anvertrauten Jünger und über sein Vertrauen in sie, daß die bekehrten Jünger ihn als Gabe Gottes zu ihrer Erlösung gesandt wiedererkennen werden (Joh 17). Die nachpfingstliche Gemeinschaft erahnt darin eine Teilnahme der Gläubigen am ewigen Ereignis, worin der Vater sich dem Sohn im Heiligen Geist schenkt. Der so gezeugte Sohn schenkt sich dem göttlichen Vater im Heiligen Geist wieder. Dieses Ereignis der gegenseitigen Hingabe zwischen Vater und Sohn wird gleichzeitig zum Höhepunkt und Mittelpunkt der Geschichte des österlichen Geheimnisses. Christus, das fleischgewordene Wort, wird jetzt und für alle Zeiten zum Geschenk des Geistes, der vom göttlichen Vater in der Kraft des Heiligen Geistes aufgenommen und gerühmt wird.

Aus diesem Zusammenhang erahnt man, wie es möglich und unerläßlich ist, daß die Gläubigen das neue Leben in Christus in seiner wundervollen Gnade erfassen. Sie ist es, die uns befreit und mit starken Banden und voll Dankbarkeit bindet.

5.2 Das Gesetz des Heiligen Geistes

Die Morallehre wird weder erneuert und durch die Heilige Schrift[5] genährt werden, noch wird sie für die Menschen ansprechend sein, solange sie nicht vollkommen durch die von Thomas von Aquin ausgedrückte Grundwahrheit gekennzeichnet sein wird: *„Die wichtigste Eigenschaft des Neuen Bundes, ihre gesamte Kraft, liegt in der durch den Glauben an Jesus Christus gegebenen Gnade durch den Heiligen Geist. So ist das neue Gesetz grundsätzlich die Gnade durch denselben Heiligen Geist."*[6]

Dieselbe Wahrheit wird schon vom heiligen Augustinus zum Ausdruck gebracht: *„Was sind die von Gott in unsere Herzen geschriebenen Gesetze anderes als die Gnade des Heiligen Geistes, durch dessen Anwesenheit in unseren Herzen die Liebe vergossen wird, die die Erfüllung des Gesetzes ist?"*[7] Diesen Schlüssel dürfen wir, um die Anziehungskraft des Willens Gottes zu spüren, nie vergessen.

a) Das Gesetz des Heiligen Geistes aus dem
  österlichen Gesichtspunkt

Der Quell des Heiligen Geistes für uns und somit auch die Quelle des Gesetzes des Neuen Bundes ist der österliche Christus. Theologie und Moralpädagogik sind eng mit dem theologischen Verständnis des erlösenden Todes und der Auferstehung Christi verbunden. Wer eine Erklärung für das Opfer Christi in den allzu menschlichen Begriffen von rächender Gerechtigkeit (im Sinne einer auf Jesus zurückfallenden, vom göttlichen Vater auferlegten Strafe) sieht, um jenem Gerechtigkeitsbedürfnis gerecht zu werden, der verschließt sich den

Zugang zum österlichen Geheimnis und gleichzeitig zum Neuansatz der christlichen Moral.

Christus begibt sich am Kreuz mit letztem Vertrauen als Gabe des Heiligen Geistes in die Hände des göttlichen Vaters. Er bricht hiermit das lasterhafte und kollektive Gesetz der Menschen, das Gewalt und Zorn nährt und erzeugt. So befreit er uns vom Gesetz der Sünde, der gemeinsamen Solidarität im Bösen, deren todbringender Mittelpunkt die Verschmelzung der Gewalt mit der Falschheit ist. Jesus, der sich von den Anfängen seines öffentlichen Lebens an als der „Knecht Gottes" verstand, durchbricht so den Teufelskreis der gewalttätigen Geschichte und zahlt den Preis durch seine heilende und gewaltlose Liebe.[8]

Nur in einem Geist der Anerkennung, der Dankbarkeit und der Lobpreisung für dieses Heils- und Befreiungsgeschehen können auch wir den Weg der befreienden Gewaltlosigkeit gehen, als Teil und Kern des „Gesetzes des Heiligen Geistes".

Jesus betet durch die Kraft des Heiligen Geistes am Kreuz: „Abba, Vater, meinen Geist lege ich in deine Hände." Er kennzeichnet auf diese Art seinen Tod am Kreuz als Höhepunkt des wirkenden Geistes zwischen Vater und Sohn. In diesem Geist erkennt man sich selbst immer als vom göttlichen Vater geschenkte Gabe, die zum Vater zurückkehrt; dies im ewigen Rhythmus des Kommen und Gehens, wie Ebbe und Flut.

In einem unübertrefflichen Geist der Geschwisterlichkeit betete er am Kreuz für diejenigen, die ihn gequält haben: „Abba, vergib ihnen!" Ein wunderbares Beispiel dafür ist die Aufnahme des Räubers ins Paradies der versöhnten und vergebenden Liebe. So vermittelt uns Jesus das Gesetz der Solidarität der Liebe und der gemeinsamen Hilfe durch eine vollkommene Hingabe, die nur durch die Einheit im Heiligen Geist möglich ist (vgl. Gal 6,2).

Im österlichen Ereignis wurde Christus im ewigen Geist (Hebr 9,14) für uns zum Geist (vgl. 1 Kor 15,45), zum sich uns offenbarenden Leben, zu seiner eigenen Gabe. So führt Gott die im Sohn und in der Liebe des Heiligen Geistes geschaffenen Menschen zu sich zurück, er zieht sie an sich. Hier kann man die „christliche Existenz" erkennen. Sie unterscheidet sich von der unklaren, noch nicht erleuchteten, vom österlichen Geheimnis des Heiligen Geistes noch nicht bekehrten „menschlichen Existenz".[9] Hier kann man den Unterschied zwischen einem schwerfälligen Gesetz der Menschen und dem anziehenden Gesetz der göttlichen Gnade erkennen.

Der uns durch den Auferstandenen vermittelte Geist des vollkommenen Vertrauens läßt uns mit Frohsinn erfahren, daß die Gnade auch mitten ins Leiden und im Angesicht des Todes zu einem befreienden Gesetz werden kann. Für den durch den Geist Christi gelenkten und dankbaren Menschen wird alles zur Gabe Gottes.

b) „Das Gesetz des Geistes
 hat dich vom Gesetz der Sünde befreit"
Nur wenn wir erahnen, daß Christus uns durch die Gabe seiner selbst und seines Geistes an der befreienden Gemeinschaft teilhaben läßt, so können wir uns über das Ausmaß der Bedeutung des Ausdrucks „vom Gesetz der Sünde und des Todes (Röm 8,2) befreit zu sein" ein richtiges Bild machen. Das „Gesetz der Sünde" sind die Fesseln, die Verstrickungen im Bösen, die uns zu Sklaven unserer durch kollektiven Egoismus produzierten Äng-

ste werden läßt. Diese Ängste entstehen weiters durch die Anpassung an die soziale Schuld in der Welt, durch den Geist der Gewalt, durch die Unehrlichkeit, durch den Neid, durch die Ausbeutung und durch die Herrschaft über Mitmenschen.

Im Gegensatz dazu ist das durch seinen Geist ermöglichte „Leben in Christus", das Teilen im Guten, die gewaltlose und befreiende Liebe. Es gibt nur zwei Wahlmöglichkeiten: Entweder für das Gesetz des Geistes zu leben, das dem Leben in Christus entspricht, indem das Bild Christi (Gal 6,2) angenommen wird. Oder das „Gesetz der Sünde" zu leben, dem individualistischen Egoismus, der uns in den kollektiven Egoismus verstrickt und zur Gewalt und Lüge führt.

Die befreiende Kraft des Geistes zeigt sich in der demütigen Liebe derjenigen, die die Last der anderen Menschen in gegenseitigem Respekt tragen, die in solidarischer Freiheit das Gute erkennen und auswählen. So sollten wir einander in diesem geistigen Klima helfen, den Beweggrund jedes „für den Menschen" geschaffenen Gesetzes zu erkennen (Mt 2,27). So wird in jedem von Gott an uns gerichteten Aufruf „die Güte des Retters, unseres Herrn, und seine Liebe für uns Menschen" erkennbar (Tit 3,4).

Das Ergebnis eines derartigen existenziellen Ansatzes wird sowohl der Raum für die Beobachtung als auch für die kreative Arbeit der Freiheit für das Gute aller sein. In einem derartigen Umfeld wird der Wunsch überwiegen, Gott zu gefallen oder, wie man oft mit den Worten des heiligen Alphons sagt, „nach dem Geschmack Gottes zu sein".

Durch eine unwiderrufliche Grundsatzentscheidung „für das Gesetz des Geistes" in einem dankbaren Geist wird der Schleier von unserem Geist fallen und unser gesamtes Leben wird als Zeugnis dienen: *„Der Herr aber ist der Geist, und wo der Geist des Herrn wirkt, da ist Freiheit"* (2 Kor 3,16–17).

Gott hat seine unendliche Freiheit der Liebe durch seinen geliebten Sohn offenbart, der uns bis zu seinem Tod am Kreuz liebte. Wenn wir uns „dem Gesetz des Geistes" anvertrauen, werden wir füreinander frei. Wir werden alle für das Reich Gottes frei sein, in jenem Ausmaß, in welchem wir dem Geist gestatten, uns dem für uns gestorbenen Christus zu nähern.

„Christus wird für uns zu unserem Fegefeuer."

Und der göttliche Geist verbrennt wie ein Feuer das Böse. Dadurch werden die Herzen gegenüber der Barmherzigkeit des Reiches Gottes geöffnet.[10] Wenn wir auf diese Art das österliche Ereignis leben, und wenn wir einander tiefe Liebe schenken, dann erlernen wir mit Frohmut, was ein Leben nach dem Gesetz des Geistes und nach der Größe der Gnade bedeutet (vgl. Röm 12,3; Eph 4,7).

c) Die therapeutische Kraft aus dem Gedächtnis der Eucharistie

In der Feier zum Gedächtnis des Todes, der Auferstehung und der Himmelfahrt Christi bezieht uns der gepriesene Herr selbst in seine österliche Existenz mit ein. In dieser wurde er durch den Heiligen Geist für immer zur angenommenen Gabe und zum ewigen Lob, auch in seiner Menschlichkeit. Das Gedächtnis des Menschen stellt eine große Gabe des Schöpfers und des Erlösers dar. Dieses gestattet uns, mit Dankbarkeit die Vergangenheit wiederaufleben zu lassen, die großen Taten Gottes für uns, die Gegenwart mit Umsicht und Unterscheidungsfähigkeit zu leben und uns in die laufende Heilsgeschichte mit Gegenwärtigkeit, Hoffnung und Verantwortungssinn einzubringen. So werden wir am österlichen Geheimnis in der Kraft des Heiligen Geistes teilhaben, der die Heilsgeschichte weiterträgt. Dieser Geist zieht uns an, damit wir den Willen des göttlichen Vaters erfüllen.

In der eucharistischen Epiklese ruft die Kirche den Heiligen Geist nicht nur an, damit Brot und Wein für uns zum Leib und Blut Christi verwandelt werden. Wir rufen ihn an, damit wir in der Gemeinschaft mit Christus und in Christus zum wohlgefallenen Opfer werden, mit der Fähigkeit, uns in der Heilsgeschichte immer für das Reich der Liebe und des Friedens zu entscheiden.

In der Feier der Eucharistie handelt der göttliche Geist in uns, damit unser Gedächtnis von jeder Art von Haß und Gewalt geheilt und mit dankbarer Erinnerung erfüllt werde. Eine der kostbarsten Früchte ist es, wenn wir die Gegenwart mit höchster Umsicht erleben, um hoffnungsvoll und mit treuem Glauben in die Zukunft zu gehen.

In einem durch eucharistische Spiritualität geformten und dankbaren Gedächtnis ist kein Platz für Zorn und Haß, die das Gewissen seiner Kraft für das Gute berauben. Indem wir uns immer mehr unserer Abhängigkeit von der Gnade bewußt werden, werden wir unermüdlich jede Art von Gebet und Bitte im Geist sprechen (Eph 6,18). Auf diese Art entwickelt sich in uns ein Gleichklang mit dem Willen Gottes, wodurch wir alles als Herausforderung, als Gabe und ansprechende Aufforderung empfinden. Ich erlaube mir hinzuzufügen, daß wir uns mit dieser Sicht ganz im Herzen der spirituellen Theologie des heiligen Alphons befinden.

d) Früchte im Geist tragen

Das Dekret des Konzils über die Priesterausbildung *Optatam Totius* (Nr. 16) weist zumindest indirekt, gemeinsam mit der auf Christus zentrierten Bewegung einer erneuerten Moral, *„die Größe der Berufung der Gläubigen in Christus"*, auch auf die pneumatologische Dimension hin, *„Früchte in der Barmherzigkeit für das Leben auf Erden zu tragen"*. Sowohl Johannes als auch Paulus stellen uns ein Modell für eine interessante Moral und Spiritualität vor, worin die Fruchtbarkeit des Geistes einen Ausgangspunkt und einen Endpunkt darstellt.

Pater Durrwell schreibt der Heiligen Schrift und den Kirchenvätern getreu: *„Der Geist ist durch Christus ein fruchtbarer Schoß, wie der Schoß einer Mutter, aus dem viele Söhne und Töchter geboren werden."*[11] Dann erklärt er mit Blick auf die Heilsgeschichte und insbesondere das österliche Geheimnis: *„Jede Handlung des Heiligen Geistes ist auf ein einziges Ziel ausgerichtet: ... den Sohn in der Welt wirksam werden zu lassen."*[12]

„Denn das Gesetz des Geistes und des Lebens in Jesus Christus" (Röm 8,2) erzeugt in jenen, die sich seiner Gnade nicht entziehen können, das Bild des geliebten Sohnes und den Leib Christi. Der Geist ist die Liebe in ihrer höchsten Fruchtbarkeit. Nach seinem Versprechen des „Tröstergeistes" ruft Jesus seine Jünger dazu auf, in der Barmherzigkeit Früchte zu tragen (Joh 14,1–15). Durch seinen Geist teilt uns Christus sein Wissen über den göttlichen Vater mit, was ewiges Leben bedeutet, fruchtbares Leben in der Liebe. All jenen, die diesen Anwalt und Tröster annehmen, sei gesagt: *„Ihr kennt ihn, weil er bei euch bleibt und in euch sein wird. Ich werde euch nicht verwaist zurücklassen, sondern ich komme zu euch"* (Joh 14,17–20).

Dann folgt die auffordernde und dringende Einladung: *„Bleibt in mir, dann bleibe ich in euch. Wie der Rebzweig aus sich keine Frucht bringen kann, sondern nur, wenn er am Weinstock bleibt, so könnt auch ihr keine Frucht bringen, wenn ihr nicht in mir bleibt"* (Joh 15,3–4). In der Tat erwartet sich unser göttlicher Lehrer von seinen Gläubigen mit Blick auf den Geist, der uns ein Leben in Christus schenkt, *„reiche Früchte"* (Joh 15,5–7), *„reiche und bleibende Frucht"* (Joh 15,16).

In dieser Sicht erscheint das neue Gebot *„liebt einander, so wie ich euch geliebt habe"* (Joh 15,12) nur aus der Sicht der großen Gabe des Geistes verständlich. In den Herzen der Gläubigen breitet sich dieser Geist aus und wird darin fruchtbar, so daß das Gebot in all seiner Größe und in allen seinen Forderungen als auffordernde Gnade, als „Gesetz der Gnade" gelebt werden kann.

Sehr aussagekräftig ist der großartige Brief des Paulus über die Freiheit, „zu welcher Christus uns befreit hat" (Gal 5,1), worin er uns die christliche Moral „im Heiligen Geist" erklärt. Wer die Freiheit im Sinne einer Gabe des Erlösers in Dankbarkeit lebt, der wird diese Freiheit nie zum eigenen Vorteil mißbrauchen (vgl. Gal 5,13). Das „Gesetz des Heiligen Geistes" ist gleichzusetzen mit dem „Gesetz Christi". Es ist das Gesetz der Solidarität im Guten (Gal 6,2). Dieses Gesetz ertönt in unseren Herzen: *„Ihr seid zur Freiheit berufen, Brüder und Schwestern, dient einander in Liebe"* (Gal 5,13).

Der Heilige Geist gewährt den Gläubigen eine neue Beziehung zu jenem Gesetz, welches sich in der erlösten und erlösenden Liebe zusammenfassen läßt. Wir werden uns nicht mehr unter dem Druck eines menschlichen

Gesetzes, sondern unter dem fruchtbaren Einfluß der göttlichen Gnade befinden (vgl. Röm 6,14). Es sei den Galatern und allen Generationen von Christen gesagt: *„Wenn ihr euch aber vom Geist führen laßt, dann steht ihr nicht unter dem Gesetz"* (Gal 5,18).

Der Christ kann auf diesen neuen moralischen Inhalt voll vertrauen: Wir können durch den Heiligen Geist sowohl den individuellen als auch den kollektiven Egoismus besiegen. In diesem Zusammenhang eröffnet sich uns die großartige Vision der christlichen Moral: *„Die Früchte des Geistes aber sind Liebe, Freude, Friede, Langmut, Freundlichkeit, Güte, Treue, Sanftmut und Selbstbeherrschung"* (Gal 5,22). Bemerkenswert ist, wenn Paulus über die christlichen Tugenden spricht und diese „die Frucht des Geistes" nennt, während er von den entgegengesetzten Lastern als Werke des eingefleischten Egoismus spricht (Gal 5,19).

Besondere Aufmerksamkeit sollte dem großen Unterschied zwischen der harten Moral („du mußt" und „Verboten") und einer biblisch fundierten tröstenden Moral („du kannst Frucht im Geist tragen!") gewidmet werden. Der Christ wird durch eine Moral der Anerkennung angesichts der Großartigkeit der Gabe und des Reichtums der Frucht des Geistes mit Freuden und mit Vertrauen den Aufruf hören: *„Wenn wir durch den Geist leben, dann wollen wir dem Geist auch folgen"* (Gal 5,25).

Je gesünder unsere eucharistische Moral sein wird, desto eher werden wir uns vom Gesetz der Gnade und des Geistes angesprochen fühlen. Eine Moral, die in der Lage ist, die Forderungen des Glaubens darzustellen, wird im Leben auf Erden viele Früchte tragen. Die nach dieser Vorstellung lebenden Gläubigen werden füreinander eine fruchtbare Gabe, ein Aufruf der Gnade, ja beinahe ein Sakrament des das Leben in Jesus Christus schenkenden Geistes sein. Ihre gegenseitigen Beziehungen werden den Reifeprozeß und die wahre christliche Freiheit zugunsten der menschlichen Gemeinschaft begünstigen.[13]

5.3 Das Verhältnis zwischen Indikativ und Imperativ

Es ist Aufgabe der Moraltheologie, die richtige Ausrichtung und die Ausdruckskraft zu finden, um einerseits die Anziehungskraft der Seligpreisungen und des Gesetzes „des Geistes" aufzuzeigen, und um andererseits die Anziehungskraft der christlichen Moralbotschaft hervorzuheben. Wir müssen besonders darauf achten, daß wir nicht in einen autoritären Ansatz oder befehlenden Tonfall zurückfallen. Denn dieser könnte Auflehnung, Kälte oder Ängstlichkeit zur Folge haben. Gott enthüllt uns seinen großen Plan in der Form einer Therapie, auf ansprechende und beruhigende Art. Er handelt durch Jesus Christus an uns auf gewaltlose und heilende Art. Seine Handlungsweise und sein gewaltloser Plan sind absolut bindend. Dieser kann dem gutgesinnten Menschen als bindend erklärt werden, wenn er treu in seiner befreienden und anziehenden Wirkung vorgestellt wird.

a) Die Gabe des Geistes und der göttlichen Pädagogik
der Gewaltlosigkeit
Gott hat uns in seiner absoluten Freiheit für die Freiheit erschaffen. Wir sind das Abbild seiner Freiheit, zu lieben. Er will die aufrührerische Menschheit nicht mit zerstörerischer Kraft, sondern mit der sanften Kraft des Geistes zum Guten bewegen. Der gewaltlose Jesus demaskiert

die lügnerische und grausame Gesetzestreue der Gesetzesanhänger, die ihm untersagen wollten, am Sabbat Kranke zu heilen. Eben in diesem Zusammenhang unterstreicht Matthäus, daß Jesus der gewaltlose und sanfte Knecht Gottes ist, über den der Prophet gesprochen hatte. Er zitiert das erste Lied des Gottesknechtes, indem er hervorhebt, daß der Geist ihn durchflutete: *„Er wird nicht zanken und nicht schreien, und man wird seine Stimme nicht auf den Straßen hören. Das geknickte Rohr wird er nicht zerbrechen"* (Mt 12,19–20).

Letztlich will uns der gekreuzigte Jesus zur Liebe des Vaters in der Kraft des Geistes rufen. Er flößt unseren Herzen seinen Geist ein und ruft: *„Abba, Vater!"* (Röm 8,15; Gal 4,6). Dadurch gelingt es ihm, uns mit dem Plan des Vaters in Einklang zu bringen. Er lenkt uns aus dem Inneren, gewaltlos in einem Geist der Geschwisterlichkeit zu leben und zu gewaltlosen Verkündern des Friedens zu werden. Dadurch gewährt er uns auch die Sicherheit der Gnade der Kinder Gottes.

Daraus entspringt auch unsere Sorge, keine falschen und ungesunden Gesetze zu verkünden, die zur göttlichen Gewaltlosigkeit im Gegensatz stehen. Wir müssen jene Sprache der Gewaltlosigkeit finden, durch die die befreiende Dringlichkeit des erlösenden Willens Gottes für alle Menschen keinesfalls überschattet wird.

Die biblisch ausgerichtete lutherische Theologie hat versucht, ein Modell zur Lösung dieser Aufgabe zu erstellen, indem von der Dynamik des Indikativs, der zum Imperativ wird, gesprochen wurde. Heute gefällt vielen Protestanten das Wort „Imperativ" nicht mehr. R. Bultmann und andere empfahlen vielmehr, von „Paränese" zu sprechen, d. h. von Ermahnung, die eine treue Wiedergabe des Indikativs der Heilsverkündigung darstellt.

Zahlreiche Katholiken haben diesen Vorschlag begrüßt und die ethischen Ausführungen des Paulus als einfache Paränese verstanden.[14] Es erscheint mir, daß man diese allerdings zeitweise mißbräuchlich verwendete und dadurch das „Proprium" der christlichen Ethik verschleierte.[15]

b) Die biblische Paraklese: bindende und tröstende Worte
Der Begriff der Paränese wird dem biblischen Ansatz zur Behandlung der Moralanforderungen durch die Heilszusage und durch die neue Schöpfung in Christus aber nicht ganz gerecht. Schnackenburg hat mit seiner Feststellung recht, daß der Begriff „Paränese" unter einem unglücklichen Stern stehe, weil das Verb parainéo in Apg 27,9.22[16] vorkommt und weil es dort keine spezifische Konnotation aufweist. Ich ziehe gemeinsam mit R. Schnackenburg und vielen anderen das im Neuen Testament 25mal wiederkehrende Wort *paràklesis* vor, wobei das Verb *parakalein* in derselben Bedeutung mehr als 50mal vorkommt. Hinzu kommt, daß der biblische Ausdruck *paràkletos* – der Heilige Geist als Tröster – derselben Wurzel entspringt und den tiefen Sinn der Paraklese bezeichnet.

Die biblische Paraklese gehört derselben spirituellen Ebene an und hat einen viel bedeutungsstärkeren Sinn als „Imperativ" oder „Paränese". Die Paraklese gilt als dringender Aufruf zur Übereinstimmung mit der Berufung in Christus und birgt gleichzeitig allen Trost in sich, der durch das Wirken im Heiligen Geist entsteht und wodurch sich unsere Herzen erneuern. Durch sie wird das Gesetz der Liebe Gottes in unsere Herzen geschrieben (Röm 5,5). Die Paraklese impliziert nicht einen harten Moralismus oder einen willkürlichen Imperativ, sondern sie entspringt mit Feinfühligkeit der Gabe des Heiligen Geistes, der uns zur Dankbarkeit aufruft. Die Paraklese eröffnet uns den Horizont und den neuen Sinn des Lebens unter dem Gesetz der Gnade.

Die Paraklese bemächtigt sich nicht mit Gewalt des Geistes oder des Willens. Sie verringert nicht die Freude oder den Frieden. Im Gegenteil, sie festigt die Größe der Berufung der Gläubigen in Christus und ermutigt sie auf ihrem Lebensweg in Christus. Die Paraklese versteht sich als Verstärkung der bereits getroffenen Entscheidung eines Lebens nach dem Evangelium, sie zeigt die Möglichkeiten zum Wachstum in der Freude und in der österlichen Gabe auf. Andererseits warnt sie vor der Gefahr, diese Gabe zu verlieren.

c) Die Paraklese nimmt den Kampf des Geistes
  gegen das Fleisch auf

Durch die Paraklese erfährt die Kraft des Geistes aus einem Leben in Jesus Christus im Kampf gegen den eingefleischten Egoismus Unterstützung. Diese wird zu einer spirituellen Rüstung, um den Gläubigen im Kampf gegen alles, was sich gegen das Reich der Liebe, des Friedens und der Freude wendet, zu festigen.

In der biblischen Paraklese findet sich auch eine Warnung vor der Gefahr, das neue Leben zu verraten oder zu vernachlässigen. Sie enthält aber immer die Erinnerung an den Sieg des gekreuzigten und wieder auferstandenen Christus und seines Geistes. Die notwendige Warnung ist allerdings auch als Ermutigung und Trost im Kampf gegen das Böse zu verstehen: Christus und der Heilige Geist umgeben und verteidigen den Christen in seiner neuen Heilssphäre. Die paulinische Paraklese steht immer in enger Beziehung mit der Erfahrung in

Christus und im Heiligen Geist, sie ist als Frucht des Glaubens zu verstehen.

Die Paraklese ist immer in engem Zusammenhang mit der Vision der frohen Botschaft zu sehen. Durch die Paraklese werden Dynamik und Motivation verstärkt, dies auch in der Voraussicht konkreter Forderungen. Diese entspringen den Umständen, in welchen sich die Gemeinschaft befindet. Sie erfordern ein festes Zeugnis der Gläubigen.

Normalerweise enthält die Paraklese eindeutig das Gedächtnis des tröstenden Wirkens: *„Christus hat uns befreit, und nun sind wir frei. Bleibt daher fest und laßt euch nicht von neuem das Joch der Knechtschaft auferlegen!"* (Gal 5,1) *Wenn wir durch den Geist leben, dann wollen wir dem Geist auch folgen. Wir wollen nicht ruhmsüchtig sein, uns nicht zum Streit herausfordern, aufeinander nicht neidisch sein"* (Gal 5,25).

Beide Beispiele zeigen die Gefahr der fleischlichen Existenz auf, eines egozentrischen und absurden Lebens für diejenigen, die durch die Gnade des Heiligen Geistes den Christus erkennen und die hohe Berufung der Gläubigen in ihm erleben. Es soll jedoch hervorgehoben werden: Die Paraklese an sich ist nie ein fremder, von außen kommender Imperativ. Sie ist nie willkürlich auferlegt, sondern entsteht in Form einer Aufforderung, einer Ermutigung und eines Trostes aus dem Leben in Christus und im Heiligen Geist selbst. Mittels der durch den Apostel oder die Gemeinschaft angebotenen Paraklese erklärt oder verdeutlicht sich eine innerliche Erfahrung, eine Gabe des Geistes. Der letzte Aspekt der Paraklese wird im Aufruf des Apostels zur Liebe und zum Frieden besonders deutlich: *„Über die Bruderliebe brauche ich euch nicht zu schreiben; ihr seid schon von Gott belehrt, einander* *zu lieben; und danach handelt ihr auch an allen Brüdern und Schwestern. Ich ermuntere euch aber, darin noch vollkommener zu werden"* (1 Thess 4,9–10).

d) Paraklese und laufende Bekehrung

Durch die Gnade der ersten Bekehrung im Glauben an Christus, einer Grundsatzentscheidung, in der teilgewordenen Gnade zu leben, wird einem ein Leben zu eigen, welches den Gläubigen laufend zum Wachstum und zur Vertiefung drängt. Die moralisch-religiöse Paraklese ist Teil der christlichen Pädagogik, die dem Gläubigen hilft, in sich die neue Dynamik des Lebens in Christus und die daraus entspringenden inneren Kräfte (als Gaben des Geistes) zu entdecken. Diese Kräfte führen den Gläubigen zur Reife und zur Reinigung. Die Paraklese hilft uns, für die Verfehlungen und Begierden der fleischlichen Existenz wachsamer zu werden. Wir verstehen unter „Fleisch" (Sarx) den eingefleischten, individuellen und kollektiven Egoismus.

Mit Hilfe der Paraklese wächst zusammen mit dem Glauben und der Barmherzigkeit auch die Kenntnis Christi und der Forderungen der hohen Berufung in ihn. Paulus ruft als Folge einer nachhaltigen Paraklese zu einem Leben im Licht auf, im Gegensatz zur früheren Finsternis: *„Wach auf, Schläfer, und steh auf von den Toten, und Christus wird dein Licht sein"* (Eph 5,14).

Dieser Aufruf galt als Warnung vor konkreten Verfehlungen, vor einer gewissen Müdigkeit in einem Teil der Gemeinschaft. Gleich danach zeigt Paulus den klaren Weg, um durch Christus erleuchtet zu werden, auf: *„Laßt euch vom Geist erfüllen! Sagt Gott, dem Vater, jederzeit Dank für alles im Namen unseres Herrn Jesus Christus!"* (Eph 5,18–20)

Die Kenntnis Christi und der Forderungen eines Lebens im Glauben sind eng verbunden mit der Bereitschaft zur laufenden Bekehrung, zum Wachstum und zur Läuterung.[17] Durch die Paraklese soll dieser Prozeß unterstützt werden. Um den Gläubigen die Notwendigkeit, nie zu ermüden, klarer zum Bewußtsein zu bringen, sagt Paulus von sich: *„Nicht daß ich es schon erreicht hätte oder daß ich schon vollendet wäre. Aber ich strebe danach, es zu ergreifen, weil auch ich von Christus Jesus ergriffen worden bin. [. . .] Nun müssen wir festhalten, was wir erreicht haben"* (Phil 3,12–16).

Der ganze Aufruf ist mehr als nur eine Warnung. Er ist eher als spirituelle Ermutigung zu verstehen. Der erste Brief des Johannes ist ein weiteres wundervolles Beispiel für die Paraklese. Vielleicht sind die nachfolgenden Worte die ausdrucksstärkste Aussage in diesem Sinn: *„Und daß er in uns bleibt, erkennen wir an dem Geist, den er uns gegeben hat"* (1 Joh 3,24).

Die Paraklese gewinnt aus der innersten Erfahrung des Gebots der Liebe an Kraft, da „die Finsternis bereits vergeht und das wahre Licht bereits erstrahlt" (Joh 3,19–24).

5.4 Praktische Schlußfolgerungen

Ich habe das Gefühl, daß noch heute viele Christen dieselben bereits vor Jahrzehnten durch Paul Claudel sehr schmerzhaft ausgedrückten Empfindungen haben: „Sicherlich lieben wir Christus, doch nichts auf der Welt läßt uns die Moral lieben." Claudel meinte jene normierende, legalistische, von der Spiritualität und der Frohbotschaft abgesonderte Moral.

Die junge Generation der Moraltheologen hat keinerlei direkten Kontakt mit jenen legalistischen Handbüchern gehabt. Diese enthielten eine Vielzahl von Vorschriften und autoritären Verboten (*ex sola auctoritate*). Die heutigen Moraltheologen dürfen nicht vergessen, daß diese Art von Moralismus im Inneren der Kirche schwerwiegende Neurosen zur Folge hatte, die noch heute viele Personen quälen. Andere haben noch heute eine Art Abwehrallergie in Form einer ungesunden Reaktion. Dies hat zur Folge, daß sowohl die einen als auch die anderen eine neue Theologie und Moralpädagogik brauchen. Mir erscheint, daß man die Heilung dafür in einer Linie der biblischen Paraklese gemeinsam mit einer normativen Ethik finden könnte. Diese sollte höchstes Augenmerk darauf legen, daß die moralischen Normen nie von der Gesamtvision des „Gesetzes des Geistes" losgelöst werden.

Auch die auf dem Grundsatz des Naturgesetzes fußenden Normen sollten nicht von der ganzheitlichen Vision des Gesetzes der Liebe Gottes und des Nächsten losgelöst sein. Eine symptomatische Therapie ist nicht ausreichend. Es ist vielmehr eine Präventivtherapie erforderlich, damit die Christen in Zukunft nie den Eindruck bekommen, daß man ihnen Normen und Verbote auferlegt, die von der Erkenntnis Christi, des gewaltlosen und einladenden Erlösers, abgelöst sind. Thema meines nächsten Kapitels wird folglich das sogenannte natürliche Gesetz sein, da es Teil der christlichen *Ennomie* ist.

6

Das natürliche Gesetz und die christliche Ennomie

Eine unerläßliche Aufgabe für die Moraltheologie besteht darin, eine klare Unterscheidung zwischen den festgestellen Daten der biblischen Botschaft im engeren Sinne einerseits, und den Erfahrungen, den Überlegungen und den allen Menschen zugänglichen Lehren (auch für die, die bisher das Evangelium noch nicht kennen) andererseits zu treffen.

Gott, der sich in Jesus Christus offenbart hat, hat dazu aufgerufen, alle Völker zu evangelisieren. Die Treue zu Gott verbietet es aber, im Namen des offenbarten Gottes Dinge zu lehren, die nicht Teil der Offenbarung sind: Gebräuche des auserwählten Volkes, die nicht durch das Eingreifen Gottes, sondern durch kulturelle Bedingungen entstanden; oder auch christliche Gebräuche aus den apostolischen und nachapostolischen Zeiten. Diese sind nicht Teil der „göttlichen Überlieferung". Es sind Dinge, die die Kirche als Notwendigkeiten des Naturgesetzes in einem bestimmten geschichtlichen Augenblick gelehrt hat. Zu diesem Zeitpunkt war dies an die kulturellen Gegebenheiten angepaßt. Es besteht folglich eine dringliche Aufgabe zur Unterscheidung und Trennung.

Andererseits ist mit größter Umsicht eine mögliche Dichotomie zwischen Natürlichem und Übernatürlichem zu vermeiden. Gewiß wird man zwischen den für den menschlichen Geist erfaßbaren Dingen, Erfahrungen und Überlegungen einerseits, und den dem offenbarten Glauben zugehörigen Dingen unterscheiden. Aber man darf nie den Eindruck erwecken, daß es zwei geschichtliche Ordnungssysteme gibt, das des göttlichen Heils und das der reinen Natur. Man soll nie die Wahrheit vernachlässigen, daß alle Menschen in der Erwartung Christi und durch Christus erlöst wurden. Die Gnade Gottes ist auch außerhalb des Wirkungskreises der Kirche tätig.

Die Christen dürfen ihre Identität bei der Suche eines authentischen Dialogs mit Nichtchristen keinesfalls verbergen. Die Heilige Schrift weist uns diesbezüglich über die Schwerpunkte für einen fruchtbringenden Dialog darauf hin. Schlüsselbegriffe der Theologie des heiligen Paulus sind einerseits „das Gesetz Christi" und andererseits das natürliche Gesetz im Sinne eines „in die Herzen der Heiden geschriebenen Gesetzes": *Sie zeigen damit, daß ihnen die Forderung des Gesetzes ins Herz geschrieben ist; ihr Gewissen legt Zeugnis davon ab ..."* (Röm 2,15).

Das Gesetz Christi (Gal 6,2; vgl. Röm 8,2) ist das Gesetz der Solidarität der Menschen; es ist die Bereitschaft der Gläubigen, die Bürden der anderen mitzutragen. Das ist der Höhepunkt der Moral des Bundes. Dieses Gesetz soll nicht nur von außen verkündet werden, sondern es ist ein in die Herzen geschriebenes Gesetz; ein Gesetz, das uns christusförmig macht, das uns erneuert und das Gewissen im Licht der Solidarität Christi erleuchtet. Die für die neutestamentliche Moral so typische christliche „Ennomie" bricht nicht mit der Kontinuität zwischen Altem und Neuem Testament. Sie wird gleichzeitig zum Ausdruck für das Faktum der universalen Erlösung durch Jesus Christus: *„Denn er selbst ist unser Friede. Er vereinigte Juden und Heiden und riß durch sein Sterben die trennende Wand der Feindschaft nieder. Er hob das Gesetz mit seinen Geboten und Satzungen auf, um die zwei in seiner Person zu dem einen neuen Menschen zu machen, um Frieden zu stiften und die beiden durch das Kreuz mit Gott zu versöhnen in einem einzigen Leib"* (Eph 2,14–16).

Indem Paulus den entgegenwirkenden, der Wahrheit des Bundes widersprechenden Legalismus überwindet, lehrt er uns die wirkliche Bedeutung des in unsere Herzen durch den lebenspendenden Geist geschriebenen Gesetzes Christi. Gleichzeitig weist er den Weg zu einem gegenseitigen Verständnis zwischen Juden und anderen Völkern. In diesem Zusammenhang stoßen wir auf das Bild des in die Herzen, in das Gewissen der „Gütigen" geschriebenen Gesetzes. Es stellt sich als Orientierungshilfe für den gegenseitigen Respekt und die Versöhnung dar.

Diese paulinische Sicht ist für unseren historischen Augenblick (kairòs) von höchster Aktualität. Die legalistische Sicht der katholischen Moral hat diese zu einem Hindernis für die Evangelisierung, für die Inkulturierung, für die Ökumene, für den Dialog zwischen den nichtchristlichen Religionen und für die Zusammenarbeit der Christen mit den Nichtchristen gemacht. Die nachfolgenden Überlegungen mit dem Schwerpunkt auf der paulinischen Sicht des „natürlichen Gesetzes" sollen die authentische Synthese zwischen dem „Gesetz des Evangeliums" und dem Moralverständnis jener, die ihrem rechten Gewissen folgen, in der Gegenseitigkeit der Gewissen (sowohl der Christen als auch der Nichtchristen) hervorheben.

6.1 Das natürliche Gesetz im Einklang mit dem aufrichtigen Gewissen

Der rationalistische und autoritäre Moralismus war der Meinung, die gesamte Menschheit sei von einheitlichen Prinzipien und Moralgesetzen geprägt. Dann wäre die gesamte Menschheit zur Befolgung dieser Prinzipien aufgerufen. Das kirchliche Lehramt kann diese allen auferlegen. Diese Normen werden von einer allen Menschen gemeinsamen Natur abgeleitet.

Der Rationalismus der Neuzeit hat viele Traktate über das Naturgesetz verfaßt und dies bis ins kleinste Detail ausgearbeitet. Wer als Kultursoziologe diese Normen analysiert, kann die Gebräuche, die wirtschaftlichen Strukturen, die sozialen Verhältnisse, die Ansichten der Stadt oder des Landes, aus welchem die Verfasser der Normen stammen, rekonstruieren. Sogenannte Naturgesetze, die den Moralisten vergangener Jahrhunderte gemeinsam waren, spiegeln die katholische Kultur Europas mit einer autoritären Gesellschaftsstruktur. Das Gewissen des einzelnen müßte sich nach den Vorschriften der Autoritäten oder nach den von den Autoritäten gutgeheißenen Gebräuchen richten.

In Kenntnis all dieser Fakten ist es besonders wichtig, die Beziehung zwischen dem Gewissen und dem „Naturgesetz" genauer zu definieren.

a) Interpretation nach Röm 2,15
Der Hauptzweck des Paulusbriefes an die Römer lag in der Versöhnung zwischen den vom Judentum abstammenden und den von den Heiden herkommenden Christen. Sie sollten den gegenseitigen Respekt und die Akzeptanz in der Unterschiedlichkeit ihrer Auffassungen

gegenüber dem Gesetz, der Moral und der Riten lernen. Der weitere Zusammenhang geht auf die Mission des Paulus bei den Heiden zurück, der Juden und Heiden versöhnen sollte, damit diese zu einem in ihrer Unterschiedlichkeit vereinigten Volk werden.

Paulus ist tief von dem ihm von Gott für sein Volk gegebenen Gesetz überzeugt, für sein Volk Israel. Er sieht es als Gesetz des Bundes. Dieses ergänzt sich in der Gott verherrlichenden Liebe und in den tatsächlichen und effektiven Taten der Nächstenhilfe. Sie gilt allen Menschen, da sie alle unsere Nächsten sind. Gott gab sein Wort in Erwartung des Kommens des fleischgewordenen Christus und Erlösers der Menschen. Paulus verkündet allen, den Juden und den Heiden, den Aufruf des Evangeliums, der der Aufruf zur Heiligkeit ist (Röm 1,5–7). Der Apostel der Heiden wünscht, daß der handelnde Glaube der Christen in Rom ein Zeichen und ein Zeugnis sei, um die Verkündung des Evangeliums „in der ganzen Welt" zu erleichtern (Röm 1,8). Er besteht darauf, daß die Botschaft sowohl an die griechischen Heiden (hellesín) als auch an die nichtgriechischen Kulturen (barbárois), den Gelehrten und Nichtgelehrten, zu verkünden sei (Röm 1,14–15). Er kann sich folglich weder auf die jüdischen Gesetze noch auf eine Ethik der Stoiker für „Gelehrte und Belesene" stützen.

Alle Menschen brauchen die Versöhnung. Niemand hat eine Entschuldigung, denn Gott hat sich durch die von ihm selbst geschaffenen Werke allen offenbart (Röm 1,18–20). Die größte und verbreitetste Sünde besteht in der Tatsache, daß die Menschen – auch wenn sie Gott erkannt hatten – Gott nicht als Gott verehren wollten und ihm gegenüber keine Dankbarkeit erwiesen. Vor allem die „Wissenden" erwiesen sich als unwissend: ihr

Herz war nicht aufrichtig, sondern unwissend und hart (Röm 1,20–32).

Paulus schließt daraus: Daher richtet nicht über die anderen, schätzt die anderen nicht gering! Indem du über die anderen richtest, wirst du selbst gerichtet werden! Die göttliche Güte ruft alle Menschen zur Bekehrung auf (vgl. Röm 2,1–9). Sowohl die Frohbotschaft der Versöhnung als auch die Ermahnung, über andere nicht zu urteilen, gelten sowohl für die Juden als auch für die Griechen (Röm 2,10–14). Man beachte, daß Paulus in seiner Ermahnung sich an die Griechen und an die Juden wendet, die „Barbaren" jedoch unerwähnt läßt. Man gewinnt den Eindruck, daß er das Gefühl der Hochmütigkeit vor allem bei den Juden und den Griechen ortet.

Nur in diesem Zusammenhang erscheinen die nachfolgenden Verse besonders gewichtig und von immerwährender Aktualität, besonders in analogen Situationen: *„Nicht die sind vor Gott gerecht, die das Gesetz hören, sondern die werden gerechtgesprochen werden, die das Gesetz tun"* (Röm 2,13).

Hier bezieht sich Paulus nicht auf die Vielzahl der Gesetze, sondern auf ihren Inhalt, auf die Vervollkommnung des Gesetzes in der Liebe zu Gott und zu den Nächsten. Eine solche Erklärung ist unerläßlich, um den nachfolgenden Vers zu verstehen: *„Wenn die Heiden, die das Gesetz nicht haben, von Natur aus das tun, was im Gesetz gefordert ist, so ist für sie das Gesetz wirksam, obwohl sie das Gesetz nicht haben"* (Röm 2,14).

Es ist in diesem Zusammenhang unmöglich, an die zahlreichen Gesetze zu denken, die die Juden von Heiden unterschieden und die für erstere oft ein Grund zu Hochmut waren. Hier ist vielmehr jenes Gesetz gemeint, das allen gemeinsam ist: das Gesetz der Liebe. Diese Feststellung soll keiner Vereinfachung zu einem abstrakten Begriff der Liebe dienen. Es handelt vielmehr über all das, was wirkliche Liebe fordert und was auch von den Heiden anerkannt und erkannt werden kann: *„Sie zeigen damit, daß ihnen die Forderung des Gesetzes ins Herz geschrieben ist; ihr Gewissen legt Zeugnis davon ab, ihre Gedanken klagen sich gegenseitig an und verteidigen sich"* (Röm 2,15).

Das Gewissen stellt den Ansatzpunkt für dieses gemeinsame Gesetz dar: sowohl das Gewissen desjenigen, der nach dem Gesetz der Liebe und der Gerechtigkeit lebt, als auch das Gewissen desjenigen, der gegen die Vorschriften seines Gewissens verstoßen hat. Der nachfolgende Vers ist für eine korrekte Interpretation von grundlegender Bedeutung: *„. . . an jenem Tag, an dem Gott nach meinem Evangelium das, was im Menschen verborgen ist, durch Jesus Christus richten wird"* (Röm 2,16).

Auch wenn Paulus vielleicht den Text von Mt 25 über das Jüngste Gericht nach dem Gesetz der Liebe nicht genau kannte, so drückte er denselben Inhalt aus. Im Gewissen aller Menschen guten Willens, in jedem gesunden Gewissen äußert sich das Gesetz der Liebe: „Liebe deinen Nächsten wie dich selbst!" Dies ist das goldene Gesetz: *„Alles, was ihr von den anderen erwartet, das tut auch für sie! Darin besteht das Gesetz und die Propheten"* (Mt 7,12). Paulus drückt dies mit noch stärkerem Nachdruck aus: *„Denn das ganze Gesetz ist in dem einen Wort zusammengefaßt: Du sollst deinen Nächsten lieben wie dich selbst"* (Gal 5,14). Über dieses Gesetz spricht er im Brief an die Römer, indem er auf das in die Herzen geschriebene Gesetz hinweist. Die wunderbare Neuheit, mit der sich das Gesetz für denjenigen offenbart, der in Christus

121

lebt: *„Das ist mein Gebot: Liebt einander, wie ich euch geliebt habe!"* (Joh 15,12)

Danach dürfen wir nicht vergessen, daß dieser Aufruf im Grunde mit dem in die Herzen derjenigen Menschen geschriebenen Gesetz gleichzusetzen ist, die denjenigen, der dieses Gesetz zur Vollendung gebracht hat und der uns jedoch neue Horizonte offenbart hat, noch nicht kennen. Von Anbeginn an wurden alle Menschen von ihm erschaffen (ewiges Wort). Wir erwarten seine Wiederkunft als fleischgewordenes Wort, der uns die ganze Liebe des heiligen und barmherzigen Vaters offenbart hat. Er schenkt uns die großartige Gabe, daß wir nach dem Vorbild Gottes erschaffen wurden.

b) Interpretation nach „Gaudium et Spes" Nr. 16

Der in Röm 2,15 ausgedrückte Grundgedanke findet ebenfalls seinen Ausdruck und seine Anwendung in der Pastoralkonstitution „Gaudium et Spes" Nr. 16: „Im Innern seines Gewissens entdeckt der Mensch ein Gesetz, das er sich nicht selbst gibt, sondern dem er gehorchen muß und dessen Stimme ihn immer zur Liebe und zum Tun des Guten und zur Unterlassung des Bösen aufruft und, wo nötig, in den Ohren des Herzens tönt: Tu dies, meide jenes. Denn der Mensch hat ein Gesetz, das von Gott seinem Herzen eingeschrieben ist, dem zu gehorchen eben seine Würde ist und gemäß dem er gerichtet werden wird (vgl. Röm 2,14 –16)."[1]

Es erscheint offensichtlich, daß der Text der Konzilskonstitution in Kenntnis des Briefes an die Römer zu verstehen ist. Der Text ist auch in den nachfolgenden Ausdrücken biblisch fundiert: *„Das Gewissen ist die verborgenste Mitte und das Heiligtum im Menschen, wo er allein ist mit Gott, dessen Stimme in diesem seinem Innersten zu* hören ist. *Im Gewissen erkennt man in wunderbarer Weise jenes Gesetz, das in der Liebe zu Gott und dem Nächsten seine Erfüllung hat"* (vgl. Mt 22,37–40; Gal 5,14).

Der Verweis auf den biblischen Inhalt ist von grundlegender Bedeutung. Beim Jüngsten Gericht wird über die Menschen aller Zeiten nach dem Gesetz der heilenden und befreienden Liebe geurteilt werden, nach dem in die Herzen aller Menschen geschriebenen Gesetz (vgl. Mt 25). Der Verweis auf Gal 5,14 dient zur nochmaligen Hervorhebung: *„Das gesamte Gesetz läßt sich wie folgt zusammenfassen: Du sollst deinen Nächsten lieben wie dich selbst."*

Die Juden und alle anderen Völker unterliegen demselben Gesetz, entsprechend dem authentischen und ihrem Gewissen verantwortlichen Tun, dem Gesetz der Liebe.

6.2 Die Reziprozität der Gewissen

Einer der wichtigsten in der Pastoralkonstitution „Gaudium et Spes" enthaltenen Impulse besteht im Dialog mit allen Menschen. Darin sollten sich die Christen (auch in ihren Hierarchien) durch die Fähigkeit des Zuhörens üben. Sie sollten die Bereitschaft lernen, den Beitrag anderer Kirchen und Religionen zu schätzen. Eben dadurch werden sie in der Lage sein, das Evangelium zu verkünden.[2] Bei der Behandlung ethischer, religiöser und kultureller Probleme stellt der Dialog durch Anhören und Antwort nicht nur einen wichtigen Punkt des kulturellen Fortschritts und des friedlichen Zusammenlebens dar, sondern er ist eine Forderung des Gewissens selbst. Es ist unmöglich, von Gewissen zu sprechen oder darüber nachzudenken, ohne der Gegenseitigkeit der Gewissen besondere Aufmerksamkeit zu widmen.[3]

a) Die Reziprozität der Gewissen in „Gaudium et Spes"
Die Reziprozität der Gewissen stellt einen Schlüsselgedanken in der humanistischen und personalistischen Anthropologie dar. Die Respektierung des Gewissens des Nächsten ist eine *conditio sine qua non* für die Respektierung des eigenen Gewissens. Wer auf die Freiheit des eigenen Gewissens pocht, ohne echte Respektierung des fremden Gewissens, der weiß nicht, wovon er spricht, wenn er das Wort „Gewissen" in den Mund nimmt. Wir haben nicht einmal ein gesundes und echtes Bewußtsein unseres authentischen Ichs, ohne die Beziehung mit den anderen Menschen mit dem Du und mit dem Wir. Ich finde zu mir selbst nur, indem ich mich den anderen Menschen und dem ganz Anderen öffne. Wer sich egoistischerweise nur auf sich selbst konzentriert, findet ein leeres, ungesundes, verlorenes, engherziges Ich. Wer die existentielle Wahrheit zu finden glaubt, indem er immer um das eigene, isolierte Ich kreist, der fällt ins Leere, in die Finsternis, in eine verlorene und bedauerliche Sichtweise des Lebens.

Dies lehren uns eine heutige Psychologie und Anthropologie. Aber mit noch mehr Nachdruck und Klarheit sagt uns dies eine christlich ausgerichtete Anthropologie. Richtigerweise nannte Dietrich Bonhoeffer Christus „ den Menschen-für-die-anderen", „einen von uns". Sich des Auftrages und der Identität Christi bewußt werden bedeutet dann, sein „Für-uns" und „Mit-uns" sowie unser „Mit-den-anderen" und „Für-die-anderen" zu begreifen. Christus antwortet mit so großer Klarheit und befreiender Aktualität auf die Bedürfnisse des Menschen,

124

weil er allen Menschen ein Zuhörer ist. Der Knecht Gottes kann von sich auf vollendete Art sagen: *„Gott, der Herr, gab mir eine gelehrige Zunge, damit ich die Müden stärken kann durch ein aufmunterndes Wort. Jeden Morgen weckt er mein Ohr, damit ich auf ihn höre wie ein Schüler. Gott, der Herr, hat mir das Ohr geöffnet. Ich wehrte mich nicht und wich nicht zurück"* (Jes 50,4–5).

Es ist eindeutig, daß dieses „Mit-offenen-Ohren-Hören" im Innersten des Herzens vor sich geht. In Christus ist das Bewußtsein seiner Selbst und das Bewußtsein der Mitmenschen, das Offensein dem göttlichen Vater und den Mitmenschen gegenüber (vgl. Joh 17) als Hingabe für andere zu verstehen. Eine derartige Aufmerksamkeit für die Gewissen der Mitmenschen muß ein hervorstechendes Merkmal des Gewissens der Jünger Christi sein. Hervorstechend bedeutet allerdings nicht ausschließlich.

„Gaudium et Spes" (Nr. 16) hebt diese Reziprozität der Gewissen hervor:

„In der Treue zum Gewissen vereinen sich Christen mit anderen Menschen auf der Suche nach der Wahrheit, um gemäß der Wahrheit viele, während des Lebens des Einzelnen und der Gemeinschaft entstehende moralische Probleme zu lösen. Je mehr also das aufrechte Gewissen überwiegt, desto eher werden sich Personen und soziale Gruppen von blinden Urteilen entfernen und so versuchen, sich den objektiven Normen der Moralität anzupassen."

Gemäß der Lehre des Konzils werden Christen und Nichtchristen auf der Suche nach der Wahrheit durch die Treue zum Gewissen vereint. Wenn dies für alle Christen stimmt, so muß dies auch auf hervorstechende Art für die Gelehrten der Kirche, für die Theologen und hierarchische Autoritäten gelten. Die Kirche braucht die Überzeugung der Nichtchristen. Nur so wird sie zu einer umso wirkungsvolleren Verkünderin des Evangeliums. Sie muß das Gespräch mit den Nichtchristen suchen, denn auf der Suche nach einer besseren Kenntnis der Wahrheit wird sie auch die richtigen Lösungen für die neuen Probleme finden. Es wird Lösungen für die alten Probleme geben, die vielleicht angesichts der Kenntnisse, der Erfahrungen und Überlegungen anderer Kulturen und neuer Generationen differenziertere Antworten erfordern. Dieser Aspekt wird in Nr. 44 von „Gaudium et Spes" hervorgehoben. Diese trägt den ausdrucksstarken Titel „Die Hilfe, die der Kirche aus der gegenwärtigen Welt erwächst".

Wir können es auf drastische Art ausdrücken: Die Kirche besitzt nicht das Monopol über das Naturgesetz. Wir können dies eben deshalb sagen, weil wir nie die privilegierte Rolle der Kirche vergessen, der das Evangelium mit seinem unerschöpflichen Reichtum anvertraut ist und der die Gnade des Geistes verheißen ist. Aber die Christen und die Kirchenleitung würden nicht ausreichende Offenheit gegenüber dem Heiligen Geist beweisen, würden sie die Tatsache ignorieren, daß die Gnade des Heiligen Geistes überall tätig sein kann, in allen Menschen, die die Wahrheit und jenes Gesetz suchen, das in den Herzen aller Menschen geschrieben steht.

Es scheint mir, daß in „Gaudium et Spes" (Nr. 16) sehr klar zum Ausdruck kommt, daß der respektvolle Dialog mit anderen und der Hunger und der Durst nach einer besseren und existentielleren Kenntnis der Wahrheit jenen Weg darstellen, durch den jener moralische Subjektivismus vermieden wird, der leicht zu Intoleranz, zu autoritärer Härte, zu blindem Gehorsam und zur Verweigerung der gemeinsamen Verantwortlichkeit und Solidarität führt.

Die Reziprozität des Gewissens wird alle Beziehungen innerhalb der Kirchen prägen müssen. Diese umfassen die Ökumene der Christen, den Dialog mit den anderen Religionen und mit der gegenwärtigen Weltkultur: ein Dialog, ein gemeinsamer und nie endender Weg der Suche.

Aus diesem Blickwinkel des in die Herzen geschriebenen Gesetzes der Liebe stellt sich auch das Problem des *irrigen Gewissens*. Davon handelt der letzte Teil von Nr. 16 in „Gaudium et Spes".

„Nicht selten jedoch geschieht es, daß das Gewissen aus unüberwindlicher Unkenntnis irrt, ohne daß es seine Würde verliert. Das kann man aber nicht sagen, wenn der Mensch sich zu wenig bemüht, nach dem Wahren und Guten zu suchen, und das Gewissen durch die Gewöhnung an die Sünde allmählich fast blind wird."

In der Tat handelt es sich nicht um eine sonderlich optimistische Feststellung, so daß man annehmen könnte, wir hätten einen leichten Zugang zu allen Forderungen der Liebe, des in unsere Herzen geschriebenen Gesetzes. Doch ganz im Gegenteil, es wird darauf hingewiesen, daß das unbesiegbare Nichtwissen nicht selten ohne aktuellen Grund vorkommt. In seinen „Apologien" ermahnt der heilige Alphons oftmals die Rigoristen, welche all ihre Meinungen den Mitchristen als eine gesetzliche Verpflichtung auferlegen wollen. Er mahnte sie, weil in der Vergangenheit viele Theologen und auch Heilige falsche Meinungen vertraten, und weil er selbst einige seiner Meinungen ändern mußte. Das Gewissen eines Menschen, der in Mitmenschen leicht Fehler findet, ohne sich dazu verpflichtet zu fühlen, gemeinsam mit den anderen eine Lösung der Probleme zu finden, kann nicht als gesundes Gewissen bezeichnet werden.

Ein Mensch, der aufrichtig und im Einklang mit seinem gegenwärtigen Gewissen und gemeinsam mit den anderen Menschen die Wahrheit und die Lösungen der anstehenden Probleme sucht, der verliert auch dann nicht die Würde des Gewissens, wenn er einen Fehler begeht. Dies bedeutet folglich, daß er in so einem Fall, wenn er den Befehlen seines aufrichtigen Gewissens folgt, keine Sünde begeht.

Gleichzeitig warnt das Konzil vor zwei Gefahren, die zumindest teilweise zum Verlust des eigenen Gewissens führen. Die erste Gefahr liegt dann vor, wenn sich der Christ oder der Nichtchrist wenig um die Suche nach der Wahrheit und dem Guten kümmert. In diesem Zusammenhang versteht der Konzilstext eine Weigerung, sich den Mitmenschen auf der Suche nach der Wahrheit und nach der Lösung vieler moralischer Probleme anzuschließen. Dies kann leider auch auf diejenigen zutreffen, die in der Kirche Moral lehren. In der Tat geschieht es oft, daß sich die Theologen durch eine falsche Solidarität mit einer bestimmten theologischen Schule den Erfahrungen und der gemeinsamen Reflexion anderer Menschen verschließen.

In Treue zum Gewissen ist es heute notwendig, den ökumenischen Dialog, das Gespräch mit den anderen Kirchen, aber auch den geduldigen Dialog zwischen der Zentralregierung der Kirche und allen lokalen Kirchen, zwischen dem Klerus und den Laien unter Einschluß der Frauen fortzusetzen. Dieser Dialog wird nie abgeschlossen sein, damit das Gewissen der einen und der anderen nicht seine Würde verliert.

Dieser ständige Dialog und Erfahrungs- sowie Gedankenaustausch sind notwendigerweise ein Teil des in die Herzen geschriebenen Gesetzes. Es ist das Gesetz der

Solidarität im Handeln, aber auch in der Suche nach dem wahren Sinn dieses Gesetzes und nach den Lösungen der anstehenden Lebensprobleme. Dies gilt für alle Menschen. Doch es gilt in besonders dringlicher Form für diejenigen, die in diesem Gesetz ein Maß der christlichen Ennomie wiedererkennen und die versuchen, diese in der Kenntnis des offenbarten Gesetzes Christi zu vertiefen. Sie werden sich in dieser solidarischen Suche gemeinsam mit allen anderen Menschen hervortun, vor allem auch wegen der Treue zu ihrem durch Christus erleuchteten Gewissen. Denn ihnen ist die Gnade des Heiligen Geistes geschenkt. Jede Form des moralischen Monopolanspruchs wäre ein Unglück, er wäre ein Anfang für die Betäubung der Gewissen. Er wäre vor allem ein Hindernis für das Werk des Heiligen Geistes.

Als zweite Wurzel für die teilweise Blindheit des Gewissens wird die Gewöhnung an die Sünde genannt. Auch hier müssen sowohl die individuelle als auch die soziale Komponente analysiert werden. Jede persönliche nicht bereute Sünde – vor allem gegen die Liebe und die Gerechtigkeit – trifft direkt das Gewissen und nistet sich im Innersten des individuellen oder kollektiven Gewissens ein.

Die Gewöhnung an die Sünde entsteht vor allem durch den fehlenden Willen zur Bekehrung und durch die Abwehr gegen die Erneuerung des kirchlichen und sozialen Lebens. Die Gewöhnung an die Sünde hat nicht nur zur Folge, daß die Würde und die Transparenz des individuellen Gewissens sinken, sondern auch, daß die Gewohnheit der gemeinsamen Sünde entsteht. Auf diese Weise werden sündhafte Strukturen verstärkt, dies ist dann die sog. „strukturelle" Sünde. Niemand ist vor korrupten sozialen und kulturellen Einflüssen immun, es sei denn, er lebt in bewußter Heilssolidarität mit anderen. Daher ist es notwendig, gemeinsam mit anderen Menschen um die Wahrheit und um die richtige Lösung der sozialen Probleme zu ringen.

Denken wir zum Beispiel an die Zeit der Inquisition, an die grausamen Foltern im Auftrag des Glaubens, an den Wettkampf um die Ehrenämter der Kirche, an den Kampf vieler Päpste um politische Macht. Wer nicht eine radikale Bekehrung durchmachte, wie dies beim heiligen Karl Borromäus der Fall war, konnte keine wahre und volle Würde des Gewissens erreichen. Viele Christen lebten in der Gewöhnung an die im kulturellen und kirchlichen Umfeld vorhandenen Sünde. Sie konnten ihr Gewissen nicht von der strukturellen Sünde befreien. Doch ohne tiefe Umkehr erreichen wir nicht einmal die Wellenlänge jenes in die Herzen aller Menschen geschriebenen Gesetzes. Schon gar nicht erreichen wir jenes Gesetz, das in Christus vollkommen sichtbar wurde und das durch den Heiligen Geist in die Herzen der Gläubigen geschrieben wurde.

Die Taubheit der Gewissen zeigt sich aufgrund vieler Anforderungen des natürlichen Gesetzes und des evangelischen Gesetzes, und zwar infolge der nicht geänderten persönlichen Sünden und der sündhaften Strukturen. Stufenweise kann sich die strukturelle Sünde auf die Substanz des in unsere Herzen geschriebenen Gesetzes ausbreiten und so zur Ursache für individuellen und sozialen Verfall werden. Dem entgehen wir nur durch eine tiefgreifende Bekehrung, welche aus einer Notwendigkeit des in unsere Herzen geschriebenen Gesetzes in uns die Bereitschaft weckt, daß wir uns anderen Menschen auf der Suche nach dem Wahren und dem Guten anschließen. Diese Bekehrung drückt sich aber auch in

unserem Einsatz für die Veränderung sündhafter Strukturen in der Kirche und Gesellschaft aus. Es geht um die
Gesetze der Liebe und der Gerechtigkeit, die unsere gemeinsame Suche nach der Erneuerung prägen müssen.

Die Moraltheologie steht insgesamt noch vor der
großen Aufgabe, konkrete und nachhaltige Schlüsse aus
dieser Wahrheit der Reziprozität der Gewissen zu ziehen.

b) Die Reziprozität der Gewissen in der Logotherapie
Viktor Frankl bereicherte die Psychotherapie und die
anthropologische Medizin mit seiner tiefgründigen Vision über die therapeutische Kraft der existentiellen und
der solidarischen Suche nach dem Sinn des Lebens.[5] Die
für unsere konsumorientierte Gesellschaft so typischen
„noogenen" Krankheiten entspringen der giftigen Quelle
der Oberflächlichkeit und der kultischen Verehrung von
Idolen; der Verehrung des Besitzes, der Macht, des mate-
riellen Erfolges, der individualistischen „Selbstverwirklichung". Die Folge davon sind sehr oft die existentielle
Leere, die Taubheit der Gewissen, die Fesseln des ober-
flächlichen Konformismus, der verbitterte Wettbewerb
auf persönlicher, sozialer und politischer Ebene.

Viktor Frankl weist den Weg der Genesung durch die
Logotherapie. Diese schließt jede autoritäre Auferlegung
moralischer Imperative, die für den Kranken sinnlos
erscheinen, aus. Es bedarf vielmehr einer demütigen und
respektvollen Kommunikationsbasis, die eine gesunde
und heilende Beziehung seitens des Therapeuten vor-
aussetzt. Dieser muß in der Tat ein Mensch sein, der mit
großer Aufrichtigkeit und Tiefgründigkeit immer stärker
versucht, den existentiellen Sinn seines eigenen Lebens
zu ergründen. Er ist ein Mensch, der überzeugend all

das in die Praxis umsetzt, was er mental entdeckt hat. Er ist so in der Lage, die Kunst des Heilens auszuüben, indem er dem Patienten dazu verhilft, daß dieser von sich selbst aus beginnt, seinen eigenen Sinn des Lebens zu *entdecken*. Es kann nicht darum gehen, diesen Sinn von außen aufzuerlegen oder ihn künstlich zu erfinden. Jeder Mensch muß selbst seinen Lebenssinn entdecken, denn es handelt sich letztlich immer um das in unsere Herzen geschriebene Gesetz Gottes. Es handelt sich um einen Gewissensprozeß, der durch die Solidarität in der Suche und in der Entdeckung der eigenen Möglichkeiten verstärkt wird.

Viktor Frankl war während seiner Zeit im Vernichtungslager der NS-Diktatur ständig auf der Suche nach einem tieferen und wahrhaftigeren Sinn des gemeinsamen Leidens. Gemeinsam mit ihm entdeckten die Internierten ihre innere Kraft, die ihnen aus einem Leben ohne Haß und Verzweiflung erwuchs, weil sie den starken Willen hatten, für ihre Angehörigen zu überleben. Diese Kraft entsprang aus ihrer gegenseitig geleisteten Hilfe auf der Suche nach einem Licht und einem tieferen Sinn. Auf diese Art gab es nicht einen einzigen Therapeuten, sondern es bildete sich eine Gemeinschaft von Therapeuten, indem jeder die heilende Kraft des anderen entdeckte. Die gemeinsam erlebte Verantwortung erweckt sowohl im Patienten als auch im Therapeuten immer stärker den Verantwortungssinn und die Freude in der rettenden und heilenden Solidarität.

Diese Reziprozität auf der Suche nach dem tieferen Sinn des Lebens auf der Spur des in unsere Herzen geschriebenen Gesetzes ist das Modell des Heilsdienstes der Kirche, in der Nachfolge des menschlichen-göttlichen Heilers. In ihm ist Gott mit uns, denn er ist einer von uns. Eine derartige heilende Beziehung, auch unter Leuten, die noch nicht ausdrücklich den Glauben in Christus erreicht haben, ist immer für den Lehrenden ein Weg in die Richtung eines helleren Lichtes und zu einer tieferen Entdeckung eines „bewußteren Gottes" in uns und in den anderen. Es ist der Weg zu einer frohmütigen Erkenntnis des in unsere Herzen geschriebenen Gesetzes. Es ist letztlich das Erfülltsein vom Gesetz des Heiligen Geistes, das uns das Leben in Jesus Christus schenkt (vgl. Röm 8,2).

Die Logotherapie und die Pastoraltherapie werden umso wirkungsvoller sein, je mehr Personen und Gemeinschaften in der tiefsten Treue zu ihrem eigenen Gewissen sich mit konkreten Mitmenschen auf die Suche begeben nach der existentiellen Wahrheit, nach verantwortungsvollen Lösungen der moralischen Probleme des individuellen und sozialen Lebens.

c) Die Reziprozität der Gewissen bei Mahatma Gandhi

Auch bei Mahatma Gandhi ist der befreiende Einsatz der therapeutischen Gewaltlosigkeit tiefgreifend durch die Reziprozität der Gewissen gekennzeichnet. Sein Ansatzpunkt entspringt dem Mitleid und dem Einsatz für die heilende Gerechtigkeit gegenüber den Unterdrückten, den Ausgenützten, aber auch gegenüber den Unterdrückern und den Ausnützern. Die existentiell tiefgreifendste Erfahrung der menschlichen Solidarität findet unvermittelt ihren ontologischen Grund in einem Glauben an einen einzigen Gott, den Schöpfer und Vater aller Menschen. In diesem Glauben sind alle Menschen vereint, die wahrhaftig Gläubigen in der Reziprozität der Gewissen, um in allen – auch in den Feinden und Unterdrückern – das in ihre Herzen geschriebene Gesetz der

Liebe zu wecken. So können sie „den unbewußten Gott" entdecken, ihre innersten von Gott gegebenen Kräfte in der Solidarität der Gerechtigkeit und des Friedens, im gegenseitigen Respekt und der gemeinsamen Verantwortung. Mahatma Gandhi spricht diese Begriffe aus, indem er die wahre Unfehlbarkeit der Gewissen betont. Wir spüren intuitiv, daß ein Mann nicht mit gutem Gewissen seine Frau ausnützen oder degradieren darf. Wir spüren es, daß keine Gruppe andere Menschen unterdrücken oder ausnützen darf, ohne sich selbst dadurch zu degradieren. Wir spüren es tief, daß kein Volk ein anderes Volk unterjochen darf. Wer diese existentielle Wahrheit in seinem Gewissen nicht erlebt, der wird erkennen müssen, daß er noch nicht authentisch lebt und glaubt.

Auf diese provokante These läßt Mahatma Gandhi eine weitere, für unser Thema sehr wichtige These folgen: Niemand von uns ist auf seinem konkreten Weg zur Umsetzung jener unfehlbaren Intuition des wahren Gewissens unfehlbar. Auch die Mitglieder der vollkommen der Befreiung und der Verbreitung der Gewaltlosigkeit gewidmeten Gemeinschaften brauchen die anderen. Sie brauchen ihre Gegenspieler zur Abgrenzung. Sie brauchen sie, um gemeinsam die Schritte zur Umsetzung einer gesunden und gewaltlosen Gesellschaft zu setzen.[6]

Die Gewaltlosen, die dem Weg Mahatma Gandhis und Martin Luther Kings folgten, appellierten bei ihrem Versuch, die Gewissen der Unterdrücker zu wecken, an ihr menschliches Empfinden. Sie waren und sind bereit, sich mit ihnen in einem aufrichtigen Dialog zu vereinen und jene Aspekte der sozialen Lage miteinzubeziehen, die Gegner vielleicht besser erkennen. Folglich ist der

Prozeß der Befreiung und der gewaltlosen Veränderung struktureller Sünden ein sehr aktuelles Beispiel für die Reziprozität des Gewissens. Es handelt sich um einen Prozeß der sozialen, der kulturellen, der politischen und gleichzeitig der persönlichen und personalisierenden Logotherapie. Es ist das Wiedererwecken der Gewissen.

Mahatma Gandhi nannte sich selbst oft einen unermüdlichen Menschen auf der Suche nach der Wahrheit, deren Zentrum und Kern der Gott-der-Liebe und die Menschen sind. Jeder Mensch ist aufgerufen, ein authentisches Bild des Gottes der Liebe zu sein. Sein unbesiegbarer Glaube an den Gott-der-Liebe und an die Berufung der Menschheit zur gewaltlosen Liebe haben dem gesamten Leben Gandhis als Inspiration gedient. Er gelangte dadurch zu einer Lebensform, in welcher die heilende und befreiende Kraft (*satyagraha*) und die Liebe (*ahimsa*) vereint waren. Durch jeden Schritt nach vorwärts und durch jede ermutigende Erfahrung wurde Mahatma Gandhi zu einem immer überzeugteren Sucher der existentiellen Wahrheit. So hat er die Treue zu seinem eigenen Gewissen, dem in sein Herz geschriebenen Gesetz, und die Kunst, das Gewissen der anderen zu wecken, tief erlebt. Er hat folglich die Reziprozität der Gewissen gelebt.

Der Kirche ist das Evangelium des Friedens anvertraut: Friede mit Gott, Friede mit den Mitmenschen, Friede mit der von Gott erschaffenen und dem Menschen anvertrauten Natur. Es geht um den Frieden im Herzen, um den Frieden in allen menschlichen, persönlichen und sozialen Beziehungen. Dieser Friede und diese Friedensmission stellen den Mittelpunkt des Gesetzes Christi dar. Es ist in den Geist und in die Herzen seiner Jünger geschrieben, und es wird durch den Heiligen Geist verwirklicht. Eine solche Sendung kann nur in der Treue zum eigenen Gewissen erfolgreich sein, in welchem sich die Christen mit den anderen Menschen vereinen, um gemeinsam die volle Wahrheit des Friedens in Christus zu erleben. Gemeinsam werden sie die zahlreichen und schwerwiegenden Probleme zwischen den Menschen, den Gruppierungen und Völkern zu lösen versuchen. Nur mit der Beibehaltung dieser Treue zur Reziprozität der Gewissen werden Christen und Nichtchristen auf dem Weg zur Gewaltlosigkeit und zum Frieden voranschreiten. Diesen Weg werden sie Tag für Tag, Schritt für Schritt bis zu ihrer höchsten Vollendung gehen müssen.

Die Bewußtseinsbildung der Christen über ihre Friedensmission und das in ihre Herzen geschriebene Gesetz macht die Christen zu respektvolleren Menschen gegenüber Andersgläubigen und den Angehörigen anderer Kulturen. Diese führen nämlich manchmal sogar ein überzeugenderes Leben der Gewaltlosigkeit und der sozialen Gerechtigkeit.

Dieses Bewußtsein gegenüber dem in die Herzen aller Menschen geschriebenen Gesetz der Liebe, das nach der Erfüllung des Gesetzes Christi drängt, wird dazu führen, daß auch die kirchlichen Autoritäten demütiger und maßvoller werden. Wir müssen uns daran erinnern, daß viele Bischöfe der Vergangenheit den Blick für die Würde des Gewissens ihrer Mitmenschen verloren hatten. Dies geschah deshalb, weil sie nicht in ausreichendem Maße mit den anderen Menschen in der Suche nach der vollen Wahrheit des Friedens und der Gewaltlosigkeit strebten und weil sie glaubten, allein die ganze Wahrheit zu kennen und die Probleme lösen zu können.[7]

6.3 Soteriologische Interpretation

Die Beziehung zwischen dem in die Herzen aller Menschen geschriebenen Gesetz der Liebe und dem ausdrücklich von den Christen anerkannten Gesetz Christi ist nicht nur ein Grundsatz der Moral, sondern auch der Erlösungslehre. Eine ausreichende Antwort ist nur unter voller Berücksichtigung der christlichen Ennomie in der Moral möglich. Der Ausgangspunkt ist dafür nicht unbedingt der inhaltliche Vergleich zwischen der christlichen Moral und der Ethik der verschiedenen Religionen, sondern vielmehr der Grundsatz, wonach wir alle einem in unsere Herzen geschriebenen Gesetz gegenüberstehen. Dieses ist immer ein Gesetz, das seine volle Verwirklichung in der Liebe Gottes und des Nächsten findet („Gaudium et Spes", Nr. 16). Andererseits handelt es sich dabei für alle Menschen um ein „Gesetz", das uns durch den einzigen göttlichen Schöpfer aller Menschen gegeben ist. Und darüber hinaus besteht immer eine innige Beziehung zum göttlichen Erlöser, zu Jesus Christus, dem wahren Gott und dem wahren Menschen, und zu seinem Heiligen Geist.

a) Es existiert keine rein natürliche Ordnung
Der Gedanke eines reinen Naturgesetzes *(lex mere naturalis)* ist eine Abstraktion, die dazu verleitet, sich eine sicherlich falsche Vorstellung von einem rein natürlich-geschichtlichen Ordnungssystem zu machen. Wir Christen glauben hingegen: *„Denn in ihm wurde alles erschaffen im Himmel und auf Erden, das Sichtbare und das Unsichtbare [. . .] alles ist durch ihn und auf ihn hin geschaffen"* (Kol 1,16).

Gott wünscht das Heil aller Menschen. Christus ist für uns alle gestorben, er ist der Erlöser aller Menschen.

Wenn er kommen wird, um über die Lebenden und die Toten zu urteilen, wird er sie nach dem in ihre Herzen geschriebenen Gesetz der Liebe beurteilen. Es ist das Gesetz der verwirklichten Liebe (vgl. Röm 2,16; Mt 25). Für die Gläubigen erstrahlt dieses Gesetz im vollen Licht durch das Leben in Jesus Christus und durch das Gesetz des Heiligen Geistes (Röm 8,2). Die Gnade der Erkenntnis der Vollkommenheit und der Tiefe des Geheimnisses Christi und des in Christus und durch Christus erfüllten Gesetzes der Liebe ist eine vollkommen ungeschuldet den Christen gegebene Gnade. Die Besonderheit des neuen Gesetzes ist mit der Erkenntnis Christi und des göttlichen Vaters verbunden. Es offenbart sich dadurch eine Größe und Vollkommenheit der Berufung der Menschen, die sie sich ohne die Offenbarung nicht einmal erträumen könnten: *„Dies ist das ewige Leben: dich, den einzigen und wahren Gott zu erkennen und Jesus Christus, den du gesandt hast"* (Joh 17,3).

Die Gläubigen vermögen in Christus, dem vollkommenen Abbild des göttlichen Vaters und Vorbild des erlösten und erlösenden Lebens, auf neue Art die Bedeutung zu erfassen, daß der Mensch nach dem Vorbild Gottes geschaffen wurde. Sie kennen vor allem den wesentlichen Grundsatz, das „Gesetz Christi". Mit anderen Worten bedeutet dies, daß sie die Charakteristika des neuen Gesetzes durch das Leben in Christus mit seinen höchsten Forderungen kennen. Diese Besonderheit trennt sie aber nicht von den anderen Menschen, denn sie wissen sich mit ihnen durch diese neue Forderung eng verbunden. Diese Forderung trägt das Gesetz des Geistes in sich und drängt uns zu einer erlösenden Solidarität mit allen Menschen. Nicht einmal das in die Herzen der Nichtgläubigen geschriebene Gesetz der Liebe ist ein von außen auferlegtes Gesetz. Es ist eine Gabe Gottes und ein Ausdruck dafür, daß alle Menschen nach dem Abbild Gottes geschaffen sind und daß sie erneuert werden, wenn sie treu diesem Gesetz folgen. Erst durch das durch den Geist geschriebene und verwirklichte Gesetz erfaßt man die volle Kraft der Erlösung. Diese trägt immer die Frucht der Liebe, des Friedens und der Freude in sich. Sonst ist sie nicht Erlösung.

Wir können daraus schließen: Die Lehre des II. Vatikanums, das für alle Christen und Nichtchristen die vereinende „Treue zum Gewissen" hervorhebt, beinhaltet folglich auch eine soteriologische und pneumatische Lehre. Es handelt sich dabei um eine Treue, die die spezifische Eigenschaft des neuen Gesetzes Christi und gleichzeitig den universellen Charakter des Gesetzes der Liebe im Sinne eines in die Herzen aller Menschen geschriebenen Gesetzes zum Ausdruck bringt. Die Christen fühlen sich folglich mit allen anderen Menschen durch göttliche Bande verbunden. Im Ausmaß seiner Treue zu jenem neuen durch den Heiligen Geist in die Herzen geschriebenen Gesetz schätzt der Christ mit hohem Bewußtsein alles Wahre, alles Gute, alles Schöne, alles Wertvolle dieser Welt (vgl. Phil 4,8), denn er entdeckt darin den Quell der Gnade Gottes. Alles in der Welt ist für ihn eine Gabe Gottes. Und der nach dem Grundsatz der Treue zu seinem Gewissen und im Respekt vor dem Gewissen der anderen lebende Christ ist eine wertvolle Gabe für die Welt.

Jede Begegnung und jeder Dialog zwischen dem durch den Heiligen Geist und das Leben in Jesus Christus geprägten Gewissen des Christen und dem Gewissen der anderen Menschen führt zu einer festen gemeinsamen Basis. Diese Nichtchristen erkennen zwar Christus nicht durch expliziten Glauben, doch sie befolgen das in ihre Herzen geschriebene Gesetz der Liebe, worüber Paulus in seinem Brief an die Römer schreibt. Die gemeinsame Basis ist die einzige und allgemeine Heilsordnung, welche von Christen explizit anerkannt wird und die von den Nichtchristen existentiell gelebt wird, wenn sie ihrem Gewissen folgen.

b) Die Idealsituation der Reziprozität zwischen
  dem Gewissen des Christen und des Nichtchristen
Der Idealfall der Reziprozität der Gewissen zwischen Christen und Nichtchristen gestaltet sich folgend: Ein Christ erkennt und lebt bewußt und gläubig die christliche Ennomie mit jener tiefen Offenheit und Ursprünglichkeit. Er trifft auf einen Nichtchristen, der mit umsichtigem Gewissen in einer nach den Grundsätzen der Liebe und Gerechtigkeit lebenden Gemeinschaft lebt. Sie werden leicht die Gemeinsamkeiten in ihrer Treue zum Gewissen und auch ihre gewissenhafte Gemeinschaft in der Suche nach der Wahrheit und der Lösung der Probleme des Lebens entdecken. Mit anderen Worten bedeutet dies, daß hier ein Christ auf einen Nichtchristen trifft, der sich durch eine klare Grundsatzoption für die Gerechtigkeit, den Frieden und die Liebe entscheidet. Dies sind für uns Zeichen des Glaubens (*analogia fidei*). In diesem Fall ist die Heilssolidarität kraft der einzigen Heilsordnung vollkommen gegeben: Man befindet sich gemeinsam auf dem Weg der Heilsgeschichte mit der besten Aussicht, daß die Analogie des Glaubens langsam im Gesprächspartner zu einem expliziten Glauben im Bewußtsein des Gesetzes Christi wird, somit christliche *Ennomie*.

Der gegenteilige Fall würde sich wie folgt darstellen: Ein Christ lebt nach dem ihm von den Autoritäten, den menschlichen Überlieferungen, vom Brauchtum auferlegten Gesetz, ohne Kenntnis der Ennomie des in die Herzen geschriebenen Gesetzes. Er lebt folglich ohne die authentische gottbezogene Selbständigkeit des menschlichen Gewissens. Dieser Christ begegnet einem den zahlreichen Gesetzen und Gebräuchen seines Umfeldes unterliegenden Gesprächspartner. In diesem Fall kann keine tatsächliche Reziprozität der Gewissen entstehen. Sondern es treffen zwei Gesichtspunkte, verschiedene Gesetze und Gebräuche aufeinander. Wir sehen den offensichtlichen Kontrast zwischen zwei Formen des „Super-Ego".

Ein drittes Modell könnte sich so gestalten: Ein der christlichen Ennomie bewußter und treuer Christ fängt einen Dialog mit einem Nichtchristen an. Dieser hat aber trotz seiner Kenntnis vieler Gesetze und für ihn bindender Bräuche nie die Basis, d. h. das in unsere Herzen geschriebene Gesetz der authentischen Liebe entdeckt. In diesem Fall wird es für den Christen dann eine ehrenvolle Aufgabe sein, seinem Gesprächspartner dabei zu helfen, seine innersten Wurzeln und das eigene Gewissen zu entdecken, wo das Gesetz der Liebe Gottes und des Nächsten eingeschrieben ist.

Ein viertes „extremes" Modell könnte sich so darstellen: Ein den Gesetzen gehorsamer, jedoch von der christlichen Ennomie entfremdeter Christ trifft auf einen Nichtchristen. Dieser lebt voll in der Analogie des Glaubens mit einem reifen und feinfühligen Gewissen. Dann wäre das Gewissen des Nichtchristen der von Christus kommenden und zu Christus führenden Geisteshaltung viel näher als der Christ, der nur das ihm von außen auferlegte Gesetz kennt. In diesem Fall wird der Christ vielleicht hinsichtlich des Inhalts der gültigen Moralgesetze einen Beitrag leisten. Doch er wird den Grundaspekt des Gewissens und der christlichen Moral verbergen und wahrscheinlich keinen offenen Dialog führen können. Es ist offensichtlich, daß der in hohem Grad der Gewissensintegrität lebende Nichtchrist durch den Monopolanspruch des autoritären Christen auf seinem Weg zur Kenntnis des Gesetzes Christi schwer behindert wird (vgl. Röm 6,14).

6.4 Schlußfolgerung

Aus den vorangehenden Ausführungen geht hervor, daß es sowohl für die Evangelisierung der Welt als auch für die Zusammenarbeit zwischen Christen und Nichtchristen für eine menschlichere, gesündere, erlöstere und gewaltfreiere Welt wichtig ist, daß die Moraltheologie großes Augenmerk auf die innere Formung des christlichen Lebens und auf die christlich ausgerichtete Gewissensbildung legt. Gleichzeitig soll auch die Ansicht des natürlichen Gesetzes integriert in der Ordnung der Erlösung verstärkt werden. Der unbedingte Respekt vor jedem aufrechten Gewissen muß eingeübt werden. In diesen Sinne bleibt noch sehr viel zu tun unter uns Christen.

7

Die Rolle des Dekalogs

In vielen Ländern kann man heute in der Moralkatechese eine Rückkehr zum Dekalog als Grundlage feststellen. In den post-tridentinischen Handbüchern für Beichtväter nahm der Dekalog eine zentrale Position für die Sicht der Gewissenserforschung ein. In meinem Werk *„Das Gesetz Christi"* wählte ich den Dekalog nicht so sehr als Basis, sondern als Gliederung der wichtigsten Themen der speziellen Moral. Die Begründung dafür war nicht theologischer, sondern vielmehr psychologisch-didaktischer Natur. Ich wollte mit meinem Werk an die vorangehende Tradition anschließen.

In meinem neueren Werk *„Frei in Christus"* kommt der Dekalog nicht ausdrücklich vor, nicht einmal zur Gliederung der Materie. Der Inhalt und die Dynamik des Dekalogs werden jedoch nicht außer acht gelassen. Da ich mich in diesem Abschnitt mit der Rolle und der Stellung des Dekalogs beschäftige, denke ich eher an die Moralpädagogik und an die Moralkatechese als an den Aufbau einer wissenschaftlichen Moral. Aber der Moraltheologe muß sich auch mit der direkten Beziehung zwischen der Moralbotschaft des Alten und jener des

Neuen Testaments beschäftigen. Man kann das Neue Testament nicht ohne das Alte Testament verstehen. Hier muß der Dekalog richtig eingeordnet werden.

7.1 Die unauflösliche Einheit zwischen Bund und Dekalog

Die Gewissensbildung der Gläubigen während der apostolischen Zeit und in den ersten Jahrhunderten der Kirche fußte auf der Bergpredigt, den Seligpreisungen oder auf der Lehre des Johannes über den Glauben und die Nächstenliebe. Die Erfahrung der Neuheit des Lebens in Jesus Christus bezog zwar die Befolgung der Zehn Gebote mit ein, jedoch auf eine Art und Weise, daß der Dekalog in der Morallehre nicht die Schlüsselrolle einnehmen konnte. Das Eintreten großer Massen von wenig Gebildeten in die Kirche führte im 4. Jahrhundert zu einer Änderung der Morallehre. Augustinus wählte den Dekalog in seinem Werk *De catechizandis rudibus* zum Mittelpunkt. Doch erörterte er diesen aus der Sicht des Neuen Bundes, des Lebens in Christus.

Die Synthese zwischen dem Bund und dem Bundesgesetz hat normgebenden Wert im Dekalog. Dieser ist grundlegend für den Bund Jahwes mit seinem Volk, so daß man es zeitweise einfach *berith* nannte. Wie die Thora allgemein, ist der Dekalog im besonderen der Personalausweis des Bundes (vgl. Dtn 4,23; 9,9; 9,11; 9,15). Die Tafeln des Dekalogs sind die „Tafeln des Bundes". So wie der Bund die freiwillige Gabe Jahwes ist, so ist dies auch das Gesetz des Bundes.

Der Bund des Sinai ist eine freiwillige Initiative Gottes. In seiner Treue zu sich selbst bindet er sich an das Volk Israel als sein Befreier, Retter und sein Beschützer.

Andererseits bindet Jahwe sein Volk mit der Gabe des Gesetzes an sich, wovon das Heil und das Überleben des Volkes abhängen. Während des Ritus der Bundesschließung verlas Moses das Dokument des Bundes, den Dekalog. Und das Volk antwortete: *„Alles, was der Herr gesagt hat, wollen wir tun"* (Ex 24,7).

7.2 Die Gabe des Bundes und des Gesetzes

Die großartige Gabe des Bundes ist der Schlüssel zu einer korrekten Interpretation des Dekalogs. Dieser Dekalog ist das Zeichen des Bundes und der Dankbarkeit, er soll vom Volk treu befolgt werden. Dem Prolog und dem Epilog kommen grundlegende Bedeutung zu: *„Ich bin Jahwe, ein Gott, der dich aus Ägypten herausgeführt hat, aus dem Sklaventum"* (Ex 20,2; Dtn 5,6).

Dieser Prolog verleiht dem Dekalog die Bedeutung der Befreiung, welche ein dankbares Gedächtnis an diesen Bund fordert. Von nicht geringerer Bedeutung für die Lektüre des Dekalogs ist der Epilog: *„Höre Israel! Jahwe, unser Gott, Jahwe ist einzig. Darum sollst du den Herrn, deinen Gott, lieben mit ganzem Herzen, mit ganzer Seele und mit ganzer Kraft. Diese Worte, auf die ich dich heute verpflichte, sollen auf deinem Herzen geschrieben stehen"* (Dtn 6,4–9).

Der Gott als Befreier, der Gott des Bundes hat seine große Liebe und seine große Stärke durch die Befreiung seines Volkes gezeigt, er will geliebt werden. Dies ist das stärkste und zugleich ansprechendste Zeichen seiner großen Liebe, seiner Gegenwart für sein Volk des Bundes. Dies kommt schon in seinem dem Mose offenbarten Namen Jahwe zum Ausdruck. Jahwe, der seine Gegenwart verspricht, drückt seine Erwartung dem Volk gegenüber aus, so daß dieses Volk auf seine selbstlose Liebe mit intensiver Gegenliebe antworten wird. „Du wirst lieben": Das Futur ist eine parakletische und ermutigende Form des Imperativs. Nach alldem, was Gott für das Volk getan hat, kann man, ja muß man erwarten, daß dieses Volk die vollkommene Liebe erwidern wird. Gott erwartet sich als erstes die dankbare Liebe. Diese wunderbare Erwartung verleiht auch den zehn „Worten" und Zehn Geboten Kraft: „Du wirst nicht haben! Du wirst nicht tun!" Mit anderen Worten: Der Dekalog ist nicht eine Vorgabe, sondern ein in das dankbare Gedächtnis, in das Gewissen, ins „Herz" geschriebenes Gesetz (Dtn 6,4).

Der durch die Form des Futurs ausgedrückte Imperativ „du wirst lieben" beweist, daß die Verwendung des Dekalogs in der Moralkatechese der neutestamentlichen Paraklese folgen muß: Ihr seid die neue Schöpfung, ihr verfügt über das neue Leben in Christus. Folglich werdet ihr nach den Forderungen dieser großartigen Gabe leben! So ist der Dekalog, wenn man sich die parakletische Form des Prologs und des Epilogs vor Augen hält, kein Fremdkörper im Glauben.

Der Name Jahwe garantiert, daß Gott für sein Volk gegenwärtig ist. Er drückt seine Identität als Gott des Bundes, als treuer Gott aus. Er ist der Gott, der „du" zu uns sagt. Das Volk und jeder einzelne, der in Treue der Gemeinschaft folgt, ist ein *Partner* in dem von Gott begonnenen Dialog. Gott legt sein Vertrauen in das Volk: *„Du wirst lieben."* Der Schöpfer erwartet sich, daß sich sein Volk ihm anvertraut. Er spricht sein Volk mit dem *„Du-Wort"* an. Jeder, der das Gesetz des Bundes befolgt, nimmt an der heilbringenden Solidarität der Menschen teil. Auf der anderen Seite wird klar, daß derjenige, der sich Gott nicht durch die Befolgung seines Wortes anvertrauen will, sich aus der Solidarität des Heils ausschließt und in die Solidarität der Sünde zurückfällt.

7.3 Synthese zwischen Anbetung und solidarischem Einsatz

Eine kennzeichnende Eigenschaft für die großen Propheten Israels ist die enge Synthese zwischen der Anbetung zur Ehre Gottes in ergebener Liebe und dem solidarischen Einsatz für die Mitmenschen, für Gerechtigkeit, Bruderliebe, Barmherzigkeit und Frieden. Sie werden ein Teil der Anbetung zur Ehre Gottes.

Der prophetische Monotheismus entspricht genau dem Aufbau des Dekalogs, mit Prolog und Epilog: Der anbetende Glaube läßt sich nicht von der Liebe trennen, mit der Jahwe sein Volk und alle Menschen der Welt liebt. Das Ethos der Gemeinschaft der Mitmenschen wird zum Kern der Religion und des Bundes. Alles, was im zweiten Teil des Dekalogs geschrieben steht, entspricht der Liebe, mit der Gott den von ihm erschaffenen Menschen und die gesamte Schöpfung liebt.

Für Jesus und auch für Paulus war es einfach und natürlich, ein uneingeschränktes Ja zum Dekalog zu sagen, weil sie nicht durch Tabus oder fälschlich sakralisierte Traditionen belastet waren. Das Ethos des Dekalogs entspricht exakt dem klassischen Ausspruch des Propheten Micha: *„Es ist dir gesagt worden, Mensch, was gut ist und was der Herr von dir erwartet: Nichts anderes, als gerecht zu sein, Güte und Treue zu lieben und in Ehrfurcht deinen Weg zu gehen mit deinem Gott"* (Mi 6,8).

Der Prolog des Dekalogs erinnert an das Handeln Gottes. Dieses entspricht jenen Dingen, die sich Gott im

Dekalog von seinem Volk erwartet: „den Weg mit deinem Gott zu gehen". Das Ethos der Gemeinschaft der Mitmenschen ist Teil des „Ja-Worts" zum Gott des Bundes. Im Bund offenbart Gott seine Existenz als Pro-Existenz. Seit aller Ewigkeit ist Gottes Wesen die Liebe, die die Welt schafft und bewahrt. Die Pro-Existenz Gottes wird vom jahwistischen und prophetischen Monotheismus betont. Somit schließt das Gebot „Du wirst Jahwe, deinen Gott, lieben", mit aller Dringlichkeit auch den zweiten Teil des Gebots mit ein: „Du wirst deinen Nächsten wie dich selbst lieben!" In der Tat steht bereits die neutestamentliche Vision dahinter: „So wie ich dich geliebt habe!" Die Gemeinschaft der Mitmenschen ist ein unzertrennlicher Teil der Solidarität des von Gott stammenden Bundes, sie spiegelt das Wirken des befreienden und rettenden Gottes wider. Das Volk des Bündnisses weiß, daß es von Gott mit einem Namen genannt wird, um einen Teil der Heilsgeschichte zu erleben: *„Fürchte dich nicht, denn ich habe dich befreit, ich habe dich beim Namen gerufen, du bist mein"* (Jes 43,2).

7.4 Im ganzen Leben Gott anbeten

Die erste Tafel bringt den vertikalen Grundsatz (Gott) der horizontalen Dimension (Gemeinschaft der Mitmenschen) zum Ausdruck. Jahwe zu verehren bedeutet immer, ihn zu lieben und zu ehren als den, der als Befreier, als Retter für das Volk, für die Menschen, für die ganze Welt tätig ist.

1. „Du sollst neben mir keine anderen Götter haben!"
(Dtn 5,7)

Das erste Bekenntnis für das Ja zum Bund ist die Grundsatzoption, den einzigen Gott in seinem Leben zu verehren. Der Prophet Hosea drückt denselben Gedanken durch einen Hinweis auf eine eindeutige Entscheidung aus: *„Ich aber, ich bin der Herr, dein Gott, seit der Zeit in Ägypten; du sollst keinen anderen Gott kennen als mich. Es gibt keinen Retter außer mir"* (Hos 13,4).

Gott wünscht sich einen freien Menschen als Mitgestalter seiner Freiheit für die Menschen. Diese Freiheit ist für den Menschen nicht möglich, ohne die gläubige Entscheidung, sich selbst dem einzigen Gott anzuvertrauen und ihn zum Mittelpunkt seines ganzen Lebens zu machen: Gott muß als Gott verehrt werden. (Vgl. Röm 1,21: „Denn sie haben Gott erkannt, ihn aber nicht als Gott geehrt und ihm nicht gedankt.")

Israel ist aufgerufen, Gott als den Gott zu erkennen, der sich ihm offenbart hat als der Schöpfer des Himmels und der Erde, als der Herr der Geschichte. Dies ist auch der Kern des nachfolgenden Verbots: *„Du sollst dir kein Gottesbildnis machen"* (Dtn 5,8; vgl. Ex 20,4). Die Frömmigkeit und die Lehre Israels entspringen den Bildworten, den Erzählungen der wunderbaren Werke Gottes, durch die dieser seine Größe und seine Eigenschaft als Befreier und Erlöser offenbart. Gott läßt sich nicht in eine statische Figur festlegen, indem er der Gott Abrahams und Jakobs, der Gott der Verheißung ist. Jahwe wird sich als der „Gott und Vater unseres Herrn Jesus Christus" offenbaren, als der Immanuel (Gott-mit-uns), als das vollendete Vorbild der Menschen.

149

Im ersten Gebot widerspricht er jedem Idol, jeder Versuchung des Menschen, ihm etwas anderes vorzuziehen: Macht oder Besitz.

Einen Widerspruch birgt auch eine statische Form der Theologie, die Gott in rationalistische, in statische und ungeschichtliche Bilder pressen will. Sie leugnet den Gott der Geschichte, den unendlich größeren Gott aller Kulturen. Die wundervollen Werke Gottes müssen treu wiedergegeben und vermittelt werden, so daß sie einen Gott zeigen, der neue Dinge tut und trotzdem sich selbst treu bleibt. Israel ist aufgerufen, mit Gott zu gehen, das pilgernde Volk zu sein. Dies gilt noch viel mehr für die Kirche. Die Theologie ist eher eine Disziplin der Erzählungen als der rationalen Konstrukte.

2. *„Du sollst (wirst) den Namen des Herrn, deines Gottes, nicht mißbrauchen" (Ex 20,7)*

„Du sollst (wirst) bei dem Namen des Herrn,
deines Gottes, keinen Meineid schwören" (Dtn 5,11)

Es scheint, daß es in erster Linie verboten sei, den Namen Gottes für die Formulierung magischer Formeln zu verwenden, wie dies die Völker um Israel taten. Gott hat seinen Namen als rettende Gegenwärtigkeit für diejenigen, die sich ihm anvertrauen, offenbart. Das authentische Gebet schließt jede Tendenz der Magie aus. Es handelt sich um ein echtes Gebet, um Glauben und Vertrauen in Gott, der uns liebt und unsere dankbare Liebe erwartet. Es handelt sich, wie Jesus verkünden wird, um die Anbetung Gottes „im Geiste und in der Wahrheit" (Joh 4,23).

Das Deuteronomium klärt den besonderen Aspekt: nämlich den Mißbrauch des Namens Gottes, „um die Unwahrheit zu sagen", was einem Sakrileg entspricht.

Es ist klar, daß es auch verboten ist, den Namen Gottes zu erwähnen, um damit Zorn, Haß und Zerstörung auszudrücken. Dies schließt jeden Gebrauch aus, der nicht zur Ehre Gottes, der mit uns ist, dient.

Wie viele Sünden wurden gegen das zweite Gebot von Theologen und Kirchenfürsten begangen, die den Namen Gottes zur Rechtfertigung grausamer Taten, wie Folterungen, Hexenverbrennungen am Scheiterhaufen, „heilige Kriege" usw., herangezogen haben. Sie ordneten aus Intoleranz und Fanatismus Haß und Kriege an. Wer aus der Religion ein Mittel zum Zwecke unrichtiger Interessen macht, „der mißbraucht den Namen des Herrn".

3. „Denk an den Sabbat: Halte ihn heilig" (Ex 20,8)

Auch das dritte Gebot ist vollkommen frei von jeglichem Ritualismus oder Gesetzeszwang. Ganz im Gegenteil, die doppelte Motivation des Gebots in Ex 20 und Dtn 5 weist schon klar auf das später von Jesus Gesagte hin: *„Der Sabbat ist für den Menschen da, nicht der Mensch für den Sabbat"* (Mk 2,27; Lk 6,5). Um gemäß der Berufung nach dem Bild Gottes zu leben und um die Berufung zur Freiheit zu verwirklichen, braucht der Mensch Freizeit und freimachende Zeit, Zeit zur Ruhe und Anbetung, zum Feiern. In der Textstelle von Dtn 5 wird die Betonung auf die freimachende Wirkung Gottes und somit auch die soziale Gerechtigkeit gesetzt: *„An ihm darfst du keine Arbeit tun: du, dein Sohn und deine Tochter, dein Sklave und deine Sklavin, dein Kind, dein Esel und dein ganzes Vieh und der Fremde [. . .] Denk daran: Als du in Ägypten Sklave warst"* (Dtn 5,14–15).

Der Sabbat erinnert den Menschen an den Aufruf, sich vor dem Herrn in Lob und Dankbarkeit zu freuen und dabei nicht die mitmenschliche Solidarität und seine Verantwortung gegenüber dem Rest der Schöpfung zu vergessen. Denken wir in diesem Zusammenhang an die ökologischen Probleme durch die Ausbeutung der Ressourcen des Planeten, an die Luft- und Wasserverschmutzung. Denken wir an den Streß des Wettbewerbs, an die Unfähigkeit zu rasten und sich zu freuen, an den Verlust der spirituellen Werte. Es ist heute mehr denn je notwendig, die Bedeutung der Freizeit und der freimachenden Zeit im Zusammenhang mit den christlichen Festen wieder zu erkennen.

7.5 Der Schutz der Gemeinschaft der Mitmenschen

Das große Thema der zweiten Tafel ist die Gemeinschaft in der Liebe zu Gott, dem Befreier, dem Erlöser und Beschützer des Bundesvolkes und der gesamten Menschheit. Oft setzte man den Akzent auf die Verbotsformel der Gebote, man sprach von einer Verbotsethik. Dies geschah deshalb, weil man sich nicht ausreichend dem Kontext und der Dynamik des Bundes und dem Prolog des Dekalogs zuwandte. Die Kritik wird erst dann verständlich, wenn man bedenkt, daß starke Tendenzen des Judentums und in den christlichen Kirchen den Dekalog mit zahlreichen und genauesten Verboten ausschmückten. Doch die Verantwortung dafür ist nicht dem Dekalog selbst zuzuschreiben, der zum Schutz der wesentlichen Dimension des menschlichen Zusammenlebens dient. Weiters muß bemerkt werden, daß das erste Gebot der zweiten Tafel eine positive und konstruktive Formulierung aufweist.

1. *„Ehre deinen Vater und deine Mutter . . ."*
(Ex 20,12; Dtn 5,16)

Dieses Gebot soll der Sicherstellung des Bundes, des Zusammenhalts und der Solidarität zwischen den Generationen dienen. Die Begründung zeigt, daß von der Treue zu diesem Gebot die Zukunft des Volkes abhängt: *„. . . wie es dir der Herr, dein Gott, zur Pflicht gemacht hat, damit du lange lebst und es dir gut geht in dem Land, das der Herr, dein Gott, dir gibt"* (Dtn 5,16). Das „Du-Wort" steht für das Volk, aber indirekt auch für jedes einzelne Mitglied des Volkes in seiner essentiellen Solidarität mit dem ganzen Volk. Es weist darauf hin, daß jeder echte Israelit dem Bündnis treu bleibt.

Man kann hier nicht von einer Moral für Sklaven sprechen, sondern von einem Gebot zum Schutz und zur Förderung der von Gott, dem Retter, seinem Volk geschenkten Freiheit. Im Text spricht man direkt nicht von „Gehorsam", sondern von Respekt. Es handelt sich um die anerkennende Teilnahme am Wissen und an der Erfahrung der Eltern und der Alten. Es geht also um gesunde Beziehungen in der Familie und in der Generationenfolge.

Die Formulierung des vierten Gebots legt in die Mutter dieselbe Gewichtung wie auf den Vater, was im Umfeld und der alten Tradition Israels in viel geringerem Maß der Fall war. Der Text weist somit einen – wenn auch noch nicht vollkommenen – Anfang, der im Deuteronomium klarer als im Buch Exodus zum Ausdruck kommt. In der Formulierung von Exodus 20 des neunten und zehnten Gebots wird in erster Linie das „Begehren" des Hauses des Nächsten und erst dann unter vielen anderen Dingen das „Begehren" der Frau des Nächsten verboten. Im Deuteronomium lesen wir an erster Stelle und getrennt „Du sollst nicht die Frau deines Nächsten begehren". Dies beweist die Dynamik des gesamten Dekalogs in Richtung eines größeren Respekts der Frau als Person.

Vor 15 Jahren erwarb ich in einem Kibbuz in Israel eine neue Ausgabe eines Gebetbuchs. Ich wunderte mich, als ich in diesem Buch folgendes Gebet für den Mann las: *„Ich preise Dich, Allerheiligster, daß ich als Jude und nicht als Mitglied eines anderen Volkes geboren wurde; ich danke Dir und lobpreise Dich, daß Du mich als Mann und nicht als Frau zur Welt kommen ließest."*

Auch wir katholische Christen müssen uns die Frage stellen, ob wir der Dynamik desselben Dekalogs in Richtung einer transparenteren Gemeinschaft der Mitmenschen auch der Frau gegenüber treu entsprochen haben und wo wir heute stehen. Die dynamischen Begründungen fordern zu einer befreienden Gemeinschaft der Mitmenschen auf allen Ebenen und Dimensionen auf. Dies erscheint für uns klarer, wenn wir über den Dekalog im Licht der vollen Offenbarung Christi nachdenken.

2. „Du sollst nicht morden" (Du wirst nicht töten)

Das hier verwendete Futur deutet darauf hin, daß nach all dem, was Gott zur Rettung seines Volkes getan hat, er für das Leben jedes einzelnen Menschen großen Respekt haben wird. Das Verbot, nach dem Leben der Mitmenschen zu trachten, erhält seine Wirkungskraft durch das dankbare Gedenken, durch die ständige Erinnerung an die Tatsache, daß der Gott der Gemeinschaft den Schrei der Schwachen, der Unterdrückten und der Verfolgten erhört hat und erhört. Die Befolgung dieses Gebots ist die Antwort Jahwes, der das von ihm erschaffene Leben des Menschen liebt. Auch dieser Teil des Dekalogs sollte aus der Sicht des leidenden Gottesknechts, des Christus, der sein Leben hingibt, neu betrachtet werden, damit denjenigen, die glauben, die Vollkommenheit des Lebens zuteil werde.

3. „Du sollst nicht die Ehe brechen"
(Du wirst nicht die Ehe brechen)

Der gesamte Aufbau und der Kontext des Dekalogs rufen zur Treue als Antwort auf die Treue zum Gott des Bundes auf. In der prophetischen Überlieferung ist die eheliche Gemeinschaft für das Volk ein Spiegelbild, wodurch es an die tiefe Liebe und Treue Jahwes, des Gottes des Bundes, erinnert werden soll. Das Bündnis des Sinai weitet sich auf das Ehebündnis aus. Auch hier sei auf das Bild hingewiesen: Der treue Gott erwartet sich von dem an der Gabe des Bundes teilhabenden Menschen, daß er seine Berufung zu einem authentischen Zeugnis werden läßt. All dies erreicht seinen unübertrefflichen Höhepunkt in der Fruchtbarkeit des Gottesknechts Jesus Christus, der uns bis zum Tod in Treue gerufen hat. Die Antwort der Gläubigen besteht in der Treue des Vergebens, des Heilens der Wunden derjeniger, die ihn beleidigt haben. Sie besteht in der Treue, in der barmherzigen Liebe.

Es erscheint mir, daß man die gesamte Sexual- und Ehemoral klar aus der Sicht des treuen Gottes und aus der Gabe des neuen und ewigen Bundes betrachten wird müssen.

4. „Du sollst nicht stehlen" *(Du wirst nicht stehlen)*

Dieses Gebot schützt die für das Leben des Menschen und des Volkes notwendigen Güter. Hier geht es um die wahrhaftige Beziehung zu Gott, dem die Erde zum Wohl aller gehört. Durch das Futur in der italienischen Formulierung des Gebots teilt er jedem und jeder Gruppe von Menschen mit: Wenn ihr wahre Israeliten und Mitglieder des Bundesvolkes seid, werdet ihr nicht stehlen. Und ihr werdet den Nächsten nicht ausnützen, ihr werdet nicht Vertrauen mißbrauchen und Unsicherheit säen.

Wenn Mahatma Gandhi sagt, daß der wahrhaftig in einen einzigen Gott, dem Schöpfer und Vater aller Gläubige nie andere Menschen oder Gruppen ausnützt, so entspricht dies vollkommen der Aussage des Dekalogs. Der von Johannes Paul II. auf die soziale und internationale Gerechtigkeit gesetzte Akzent liegt in einer Linie mit dem Dekalog und seiner prophetischen Interpretation.

5. „Du sollst nicht Falsches gegen einen anderen aussagen"
(Du wirst nicht Falsches gegen einen anderen aussagen)
Der Begriff der Wahrheit steht im Alten Testament in engem Zusammenhang mit der Treue, der großen Tugend des Bundes und der diesbezüglichen Solidarität im Guten in der Wahrheit. Der, dessen Leben durch die Treue zum Bund und zum Gott des Bundes gekennzeichnet ist, wird das Verständnis im Volk des Bundes nicht zerstören. Er wird vor allem versuchen, Lügen zu vermeiden, die anderen und dem Bund zum Nachteil gereichen. Schon das Gesetz des Bundes vom Berg Sinai wird von der Lehre des Paulus überstrahlt. *„Wir wollen uns, von der Liebe geleitet, an die Wahrheit halten und in allem wachsen, bis wir ihn erreicht haben. Er, Christus, ist das Haupt"* (Eph 4,15). *„Legt deshalb die Lüge ab und redet die Wahrheit, jeder mit seinem Nächsten; denn wir sind als Glieder miteinander verbunden"* (Eph 4,25).

6. „Du sollst nicht nach der Frau eines anderen verlangen,
und du sollst nicht das Haus eines anderen begehren,
nicht sein Feld . . ." (Dtn 5,21)

Aus der Sicht des ethischen Prophetismus im Alten
Testament kommt der Tatsache große Bedeutung zu, daß
der Dekalog zur Aufrichtigkeit in den Herzen der Menschen aufruft. Es handelt sich um eine Moral der Verantwortung, aber gleichzeitig auch um eine Moral der
Bekehrung der Herzen, um eine Gesinnungsmoral. Wer
in Treue und mit dankbarer Gesinnung im Gedächtnis
des Bundes und aller großen Taten des Bundesgottes
lebt, der wird nicht zulassen, daß Habgier, Neid und
Geiz das eigene Wesen und die Beziehungen zwischen
den Mitgliedern des Bundesvolkes vergiften.

7.6 Der Dekalog im hebräisch-christlichen Dialog

Der Dekalog spricht nicht für eine auf die Werke der
menschlichen Gerechtigkeit aufgebauten Moral, derer
sich der Mensch rühmen könnte. Über dem Dekalog
steht sinnbildlich in großen Lettern der dankbare Glaube
an das selbstlose Wirken Gottes und an seine wunderbaren Werke. Durch sein befreiendes Wirken und die
selbstlose Gabe seines Bundes schafft Gott eine Zeit des
Heils. Jahwe hat seine Liebe und Treue zu seinem Volk
auch dann bewiesen, als es in Sünde und Elend verfallen
war. Er fordert ein unwürdiges Volk auf, ihn im treuen
Bündnis zu lieben. Der Gott des Bündnisses garantiert
dem Menschen und der Welt seine heilbringende Anwesenheit. Auch in der jüdischen Theologie ist diese
Dimension enthalten.

Im Neuen Testament muß der dankbare Glaube für
die unermeßlichen Taten noch stärker hervorgehoben

werden. Dies schmälert jedoch in keiner Weise den theologischen Wert des Dekalogs, der immer mehr als ein auferlegtes Gesetz bleiben wird. Denn er ist Teil der von Gott geschenkten Gabe des Bundes. Paulus beweist, daß das „Gesetz des Heiligen Geistes" ein in die Herzen der Gläubigen geschriebenes Gesetz ist. Der Epilog *(Shema)* zum Dekalog stellt klar, daß der Aufruf Gottes, geliebt zu werden, in den Herzen der Menschen geschrieben steht. Durch die Betonung des neuen Heils in Christus darf die Kontinuität des treuen Wirkens Jahwes nicht vernachlässigt werden.

7.7 Der Dekalog im Dialog mit allen Menschen

Inhaltlich entspricht der Dekalog genau dem von Paulus (Röm 2,12–15) angesprochenen, in die Herzen aller Menschen geschriebenen Gesetz der Liebe. Der Dekalog bezieht seine Kraft aus dem Gesetz der authentischen Verehrung Gottes und der goldenen Regel des „Du sollst deinen Nächsten wie dich selbst lieben". Folglich dient der Dekalog wie eine Brücke zum Dialog mit allen Menschen, die guten Willens sind. Der Dekalog entspricht zu einem Großteil den in der *Magna Charta* der UNO ausgedrückten Grundrechte aller Menschen.

Die Tatsache, daß der Hintergrund des Dekalogs das Bündnis Gottes mit dem Volk Israel ist, sollte seine Bedeutung für unsere Kultur nicht schmälern. Es handelt sich beim Bundesvolk Israel um ein auserwähltes Volk, damit es vor allen und für alle anderen Völker zum Dienst Gottes werde. Das Alte Testament enthält bereits zahlreiche Hinweise darauf, daß in Abraham alle Völker gesegnet sein werden. Unser Glaube, daß Christus für das Heil aller Menschen gestorben und wieder auferstanden ist, sowie die wahre Auslegung der christlichen Berufung sind darauf ausgerichtet, „in der Liebe zum Leben auf Erden Früchte zu tragen" (Optatam Totius Nr. 16).

7.8 Bund und Gesetz aus der Sicht des Neuen Testaments

Die große Vision des Bundes stellt das Leitmotiv des Alten Testaments dar. Daraus folgt, daß das moralische Gesetz und insbesondere der Dekalog vollkommen als Ausdruck und Forderung des Bundes zu sehen sind. Daraus erklärt sich, daß bereits im Alten Testament das moralische Gesetz nicht als aufoktroyierte Forderung, sondern als Gabe und Geschenk aufzufassen war. Die Treue zu diesem Gesetz hängt vom dankbaren Gedächtnis, vom großen in unsere Herzen geschriebenen Gesetz der Liebe ab, wie dies bereits im Epilog zum Dekalog hervorgehoben wird.

Denken wir an die großen Prophezeihungen des Jeremias und Ezechiel. „Seht, Tage kommen – Wort des Herrn, in denen ich mit dem Haus Israel und dem Haus Juda einen neuen Bund schließen werde [...] Ich lege mein Gesetz in sie hinein und schreibe es auf ihr Herz ..." (Jer 31,31–34; vgl. Ez 34 u. 35).

Die paulinische Theologie hebt mit Nachdruck die Erfüllung dieser Prophezeihungen im Neuen Testament, im Gesetz des Heiligen Geistes, der uns das Leben in Christus schenkt, hervor (vgl. Hebr 8,8–12; Röm 11,27). Im Neuen Testament fehlt der Leitgedanke des Bundes, der Solidarität in der Erlösung nicht, was auf der Tatsache fußt, daß Gott durch Jesus Christus alle Menschen berufen hat. Das „Gesetz Christi" ist ein Gesetz der Solidarität, im Heil und in der solidarischen Liebe: „. . . *Einer trage des anderen Last"* (Gal 6,2).

Justin nennt bei der Betrachtung der Kontinuität und der festen Annahme der Neuheit des Gesetzes Christi Christus als „Bund und Gesetz" *(lógos kai nómos)*. Christus, das fleischgewordene Wort, hat in seinem Fleisch das Gesetz der rettenden Solidarität erfüllt. Er ist selbst das unauflösliche Bündnis zwischen Gott und der Menschheit (Dialog mit Triphon, C 11, N. 2; PG 6,497; C 34, N. 1; PG 6,528). Ich meine, daß es noch viel zu tun gibt, um hervorzuheben, daß auch im Neuen Testament und im Gesetz des Heiligen Geistes der Gedanke des Bundes im Mittelpunkt steht. Er stellt die wahre Bekehrung zu Christus und zu einer rettenden Solidarität der Menschen und somit die Befreiung von der Unfreiheit in der falschen Solidarität, die Befreiung von der Verkettung mit der „Sünde der Welt" dar.

8

Glaubensethik und autonome Moral

Die nachtridentinische Moral für Beichtväter (*ad usum confessoris*) stellte eine normative Moral für die Gläubigen dar. Darin wurde dem *Proprium* der moralischen Botschaft nur selten besondere Aufmerksamkeit zugewandt. Die kontrollierbare Normgebung war das Wesentliche dieser Handbücher. Innerhalb einer kritischen und säkularisierten Welt entdeckt man in der Moraltheologie aber mehr und mehr den kerygmatischen und pädagogischen Aspekt der Moral. Und man sieht die Notwendigkeit, die Erfahrung des Neuen in der moralischen Botschaft der jungen Kirche zu entdecken und mitzuteilen. Es geht um die *Nachfolge Christi* (Synoptiker) und um ein *Leben in Christus* (gemäß Paulus und Johannes).

Der Moraltheologe, welcher tausend Verbote anführte und diese in „tödliche Sünden" und in „läßliche Sünden" unterteilte, hat sich damit viel Ablehnung zugezogen; und er ist zumindest teilweise für die schwere Krise des Sakraments der Buße verantwortlich. Wir müssen uns bewußt sein, daß wir in einer kritischen und antiautoritären Zeit, die jedoch immer wieder vom Autoritarismus versucht wird, leben. Es ist eine säkularisierte Zeit, in der die Moraltheologie gelehrt werden muß. Es ist aber auch eine ökumenische Zeit des Dialogs mit anderen Religionen und Kulturen; eine Zeit, die aber erneut von verschiedenen Ideologien bedroht wird.

All dies führt mich zur Überzeugung, daß primär eine rein normative Moral (im Sinne von statischen, leicht überprüfbaren und für alle Situationen gültigen Normen) nur kontraproduktiv sein kann. Natürlich kann die Moral nicht auf das Studium von Normen verzichten; und dies schließt auch die Verbotsnormen mit ein. Doch dies sollte in einer die Glaubensethik integrierenden Form geschehen. Dabei sollte besonderes Augenmerk auf die Tatsache gelegt werden, daß die Vermittlung von Lebenswerten vor der Vermittlung von Normen den ersten Rang einnehmen sollte. Wir sprechen daher von der Vermittlung christlicher und menschlicher Lebenswerte, die weit über die Normen hinausreichen.

Diese Problematik wird heute in den neuesten Diskussionen über die Themen der *Glaubensethik* und der *autonomen Ethik im Zusammenhang mit dem Glauben,* um das *Proprium* einer christlichen Ethik und der Diskussion über den Platz der normativen Ethik in einer spezifisch christlichen Moral deutlich angesprochen.[1]

8.1 Was bedeutet Glaubensethik?

Seit der Veröffentlichung meines ersten Werkes (*Das Heilige und das Gute: Religion und Sittlichkeit in ihrem gegenseitigen Bezug,* 1950) war für mich das Problem der Beziehung zwischen der theonomen „Autonomie" des

Gewissens und einer durch den Glauben inspirierten und strukturierten Moral ein Hauptthema meiner Forschungsarbeit. Dies ist es bis heute geblieben.

Die Struktur des Glaubens (im Sinne von fides qua: Glaube als Tat und Einstellung) ist grundsätzlich dialogisch: Gott spricht zu uns und ruft uns, indem er sich mit Liebe offenbart. Im Glauben vertraut sich der Gläubige dem Schöpfergott an. Dieser Glaube stellt eine Handlung und eine tiefe Gewissensüberzeugung dar. Die Glaubensbekehrung ist folglich gemäß der Predigt Jesu der Kern und die innerste Bewegung der Heilsethik: *„Bekehret euch und glaubet an das Evangelium"* (Mk 1,15). Hier steht das Gewissen des Gläubigen nicht vor einem System der Normen, sondern es offenbart sich eine neue Beziehung zu der Person Christi, der uns wie folgt einlädt: *„Kommt, folgt mir nach!"* (Mk 1,17)

Christus selbst ist das lebendige Evangelium. Durch den Glauben an Christus bekehrt sich der Gläubige voller Vertrauen zu Christus. Und durch ihn und in der Kraft des Heiligen Geistes wendet er sich zum göttlichen Vater. Dieser Zusammenhang impliziert für die Moral, daß es sich um ein Ethos der Kommunikation handelt: Gott offenbart sich. Der Mensch vertraut sich Gott an. Es handelt sich um eine neue Beziehung, die alle Beziehungen der Menschen verändert. Die Beziehungen mit dem Nächsten, mit der Gemeinschaft der Gläubigen, mit allen Menschen, mit der gesamten Schöpfung werden anders. Gott spricht, indem er sich als Jahwe (der Seiende) und als Immanuel (Gott-mit-uns) offenbart. Der Mensch antwortet im Glauben mit seinem gesamten Sein, mit seiner gesamten Existenz, mit seinem Leben. Dies ist die Struktur der Glaubensbekehrung. Daraus folgt die Glaubensethik.

Aus diesem Blickwinkel ist die Grundsatzoption in ihrer Dynamik eine Einverleibung der Gottesliebe in den Verstand, in das Herz und in den Willen. Aus dieser Grundentscheidung zur Liebe folgt die Bekehrung zu einem lebendigen Glauben.

In einer Moral mit christlicher Ausprägung steht das Heilsethos an erster Stelle: Das ist jenes Ethos, das das von Gott kommende Heil umfaßt, das den Gläubigen dazu drängt, ein „Verehrer Gottes im Geiste und in der Wahrheit zu werden". Dazu kommt der immer stärkere Wunsch, Gott immer besser zu erkennen und in seiner Gemeinschaft zu leben. Der Gott der Liebe will geliebt werden. Er zieht den Menschen an, welcher sich zu ihm bekehrt, um ihn zu lieben. Gleichzeitig verstärkt er die Liebesfähigkeit der Menschen zu den Mitmenschen. Daraus ergibt sich die Tatsache, daß auch die Wurzeln und die unverwechselbare Dynamik eines „Weltethos" (Hans Küng) im Heilsethos liegen. Es geht um eine Ethik der menschlichen Beziehungen, der Geschichte und der ganzen Welt. Dies ist das große Thema der Zukunft.

Wenn die christliche Ethik dieser Dynamik des Heils treu bleiben will, so sprechen wir vorzugsweise von der Verantwortung des Menschen. Gott, der Schöpfer und Retter der Welt, vertraut dem Menschen seine Welt und seine Geschichte an. Daher werden die rechten Beziehungen zu den Mitmenschen, zur Welt und zur Geschichte ein wesentlicher Teil des Christseins. Die Antworten an Gott werden nicht primär im Kult gegeben. Sie werden vielmehr in unserer Einstellung zum Leben und in unseren täglichen Handlungen, in unseren zwischenmenschlichen und weltlichen Beziehungen gegeben.

Aus der Bekehrung im Glauben zum Gott der Heils-geschichte entspringen die eschatologischen Tugenden, durch die der Gläubige sich an der Heilsgeschichte aktiv beteiligt. Das ist der Glaube, der in der tätigen Liebe und der sozialen Gerechtigkeit für das Heil der Welt Früchte trägt. Das ist die Dankbarkeit, die eucharistische Einstellung, die aus der Vergangenheit für die Gegen-wart die Früchte der Nächstenliebe trägt: die Umsicht, die Bereitschaft, für andere da zu sein, die Unterschei-dung der Geister, um die gegenwärtigen Möglichkeiten voll zu nützen. Immer aber geht es um persönliche Ver-antwortung für andere Menschen: Dies ist die Tugend des Bundes. Es ist die Hoffnung, denn sie blickt zusam-men mit dem Verantwortungsgefühl voll Zuversicht in die Zukunft.

Die christliche Grundsatzentscheidung lautet: „Be-kehret euch und glaubet an das Evangelium!" Die end-zeitlichen Tugenden sind die wirksame und fruchtbrin-gende Eingliederung des Menschen in die Heilsge-schichte. Sie stellen das Umfeld und den unverzicht-baren Kontext für eine normgebende Ethik aus christ-lichem Glauben dar. Genau dieser Verstehenshorizont gewährleistet eine christliche Normsetzung. Dieser Hori-zont gestattet jedoch noch nicht eine unmittelbare Fest-setzung von Verboten. Die erforderliche Brücke läßt sich schlagen, indem man den Leitgeboten und den Zweck-geboten besondere Aufmerksamkeit schenkt. Denn diese sind für das Verständnis der Geschichte der christlichen Ethik unverzichtbar. Sie ist eine Moral für das pilgernde Volk Gottes, das die „Zeichen der Zeit" erkennen will.

In diesem Sinne erlaube ich mir, Marie-Dominique Chenu zu zitieren: *„Die Geschichte dient nicht nur dazu, die Menschenwelt besser zu verstehen. Sie ist wesentlich für die* *christliche Heilsökonomie. Diese ist keine Ideologie, denn es geschieht Inkarnation. Und Gott handelt mitten in unserer menschlichen Geschichte."*[2]

Nur wenn man den eschatologischen Tugenden und gleichzeitig den immer auf das bindende Ziel hinweisenden Geboten besondere Aufmerksamkeit widmet, kann man eine rechte, christliche Grundeinstellung zum Leben und zu den Mitmenschen finden. Daraus ergeben sich dann die einzelnen Handlungen und Verhaltensweisen. Mir erscheint, daß die Diskussionen zwischen den Verfechtern einer „Glaubensethik" und den Vertretern einer autonomen Ethik im Glaubenshorizont unter diesem Aspekt sich verständigen könnten. Eine normgebende Ethik soll den Kontext und die Tragweite des menschlichen Handelns klären helfen.

8.2 Normgebende Ethik

Die Kirche hat ihre Leitgebote nie vergessen. Aber zum Zweck des Bußsakramentes war es nicht möglich, eine normgebende Ethik mit der Geschichtlichkeit des Individuums auf seinem Weg des persönlichen Wachsens in der Gemeinschaft des Volkes Gottes auf seiner Pilgerreise zu verbinden. Dies galt für die Zeiten, als der Beichtvaters noch ein Richter über die Moral war und man eine klare Abgrenzung zwischen tödlichen und läßlichen Sünden suchte. Wenn man die normative Ethik zu einem reinen Kontrollinstrument erhebt und diese von der Bekehrung zum Glauben loslöst, so führt dies zum Verlust des gesamten integrierenden Horizonts. Die normgebende Ethik wäre so nicht mehr in der Lage, auf jene Elemente hinzuweisen, der sie ihre eindeutig christliche Ausprägung verdankt. Pater Yves Congar drückt dies mit besonderem Nachdruck aus: *„Es handelt sich um eine persönliche Vereinigung mit Christus und um eine Trennung von der Macht der Sünde. Christliche Ethik läßt sich nicht durch materielle Objekte definieren. Sie lebt aus einer Beziehung zu Gott, zu Jesus Christus und zum Heiligen Geist."*[3]

Die Suche nach den Leitgeboten führt Paulus zum Ausspruch: *„Nicht daß ich es schon erreicht hätte oder daß ich schon vollendet wäre. Aber ich strebe danach, es zu ergreifen, weil auch ich von Christus Jesus ergriffen worden bin"* (Phil 3,12). Schon der Dekalog kann nicht ohne das große Leitgebot verstanden werden. Noch viel weniger läßt sich die Moral der Bergpredigt Jesu ohne das große Leitgebot der Liebe verstehen: *„Ihr sollt also vollkommen sein, denn auch euer himmlischer Vater ist vollkommen"* (Mt 5,48; vgl. Lk 6,36).

Wenn man diese Leitgebote und die eschatologischen Tugenden nur in einem Kurs für Spiritualität oder für Askese und Mystik behandelt, dann überläßt man der Moral die Bürde, viele Einzelgebote aufzustellen. Doch dies ist nicht die ursprüngliche Intention der christlichen Moral.

8.3 Autonome Ethik

Die Frage, in welchem Sinn eine christliche Ethik gleichzeitig als autonom und als glaubend anzusehen ist, zählt in Europa und Nordamerika zu den meistdiskutierten Themen.[4] Diese Diskussion birgt unter anderem auch sinnlose Risiken der Polarisierung zwischen verschiedenen Tendenzen in sich. Wir finden darin einerseits die erbitterten Verfechter der Glaubensethik; und andererseits die Vertreter einer normgebenden Ethik in einem christlichen Glaubenskontext. Es erscheint mir, daß es sich dabei um zwei Ansatzmodelle handelt, die beide zu fruchtbringenden Ergebnissen führen können, wenn sie in ihrer Komplementärität verstanden werden. Beide ergänzen sich nämlich.

Einer der Ausgangspunkte für das große Problem der moralischen Autonomie innerhalb der normgebenden Ethik lag und liegt noch immer in der Pastoralkonstitution „Gaudium et Spes". Diese behandelt wiederholt das Thema einer relativen Autonomie die zeitliche Ebene betreffend, in bezug auf die Macht und die Kompetenz der Kirche. In Nr. 36 wird die Selbständigkeit „der menschlichen Tätigkeit" und insbesondere der Wissenschaft besprochen. In Nr. 59 betont sie den Bereich der Freiheit und eine gewisse kulturelle Unabhängigkeit. In Nr. 71 behandelt sie die Unabhängigkeit im sozialen und wirtschaftlichen Leben. In Nr. 76 erscheint die Beziehung zwischen Kirche und Politik unter dem Aspekt der persönlichen Autonomie. Ein Zweck der Lehre lag darin, die durch die bisherige Lehre und die Praxis des kirchlichen Lebens verursachten Wunden zu heilen. Die alte Lehre berief sich auf eine direkte Gewalt (potestas directa in temporalibus) mit Bezug auf die Theorie der „zwei Schwerter" des Apostels Petrus.

Ein weiterer wichtiger Ansatzpunkt ist in „Gaudium et Spes" Nr. 16 zu finden, wo über die Christen gesagt wird: „Durch die Treue zum Gewissen sind die Christen mit den übrigen Menschen verbunden im Suchen nach der Wahrheit und zu wahrheitsgemäßen Lösungen der vielen moralischen Probleme." Aus diesen Sätzen wird ersichtlich, daß das kirchliche Lehramt anerkennt, nicht über ein Monopol zur Lösung aller moralischen Probleme zu verfügen.[5] Im Zusammenhang einer relativen

Unabhängigkeit der Christen in bezug zur zeitlichen Ebene und zur Solidarität aller Menschen auf der Suche nach der moralischen Wahrheit stellt sich das Problem: Wie können das kirchliche Lehramt und die Moraltheologen eine authentische Interpretation des natürlichen in die Herzen aller Menschen geschriebenen Gesetzes vornehmen? Die bisherigen Methoden reichen dafür nicht aus.

Die bereits in Gang befindliche Diskussion entwickelte sich nach der Veröffentlichung der Enzyklika „Humanae Vitae" (1968) zu einer leidenschaftlichen Auseinandersetzung. Bis zu jenem Zeitpunkt konzentrierten sich die Diskussionen auf die Rationalität und die Vermittelbarkeit der moralischen Normen innerhalb des authentischen Lehramts. Kein Vertreter einer autonomen Ethik innerhalb des „Glaubenskontextes" verneinte die Autorität des Papstes und der Bischöfe auf moralischer Ebene.

Dies gilt vor allem für jene (wie z. B. Alfons Auer), die sich sehr stark bewußt sind, daß ihr Begriff der Autonomie vor allem auf ein globales Weltethos und auf die normgebende Ethik (im Sinne von Vorschriften) als Ausdruck des natürlichen Gesetzes anzuwenden ist. Gemeinsam mit ihnen vertrete auch ich die Meinung, daß die Mission und die Autorität der Nachfolger der Apostel vor allem im Bereich der Bekehrung zum Glauben, der Gesetze des Heiligen Geistes und der Leitgebote zu sehen ist. Die Erziehung zur Unterscheidung der Werte und die integrierende Funktion im Bereich der gesamten Moral geschieht unter Mithilfe der moralischen Vorbilder (Heilige) sowie der Experten in den verschiedensten Bereichen der Humanwissenschaften und in Zusammenarbeit mit den internationalen Moraltheologen. Es soll damit nicht die Autorität des kirchlichen Lehramts geschmälert werden. Vielmehr wird dadurch die Ausübung seiner Autorität auf der Ebene der kommunikativen Kraft und der rationalen Argumentation verstärkt. Damit wird ein Zugang zu vielen Menschen guten Willens und guter Absicht möglich.

Einige Verfechter des Ansatzes einer reinen „Glaubensethik" verharren noch immer auf dem Schema einer normgebenden und statischen Moral. Sie betonen die gehorsame Annahme der Lehren des Magisteriums im Geist des Glaubens. Dies auch dort, wo es sich nicht nur um unfehlbare Lehren, sondern um Auslegung des natürlichen Sittengesetzes handelt.

Hingegen sind die Vertreter einer autonomen Ethik im Kontext des Glaubens sich ihrer Tendenz zum moralischen Minimalismus wohl bewußt. Denn sie sind davon überzeugt, daß man dem Gewissen der Gläubigen keine Normen und Vorschriften des natürlichen Gesetzes ohne überzeugende Argumente auferlegen darf.[6] Dies führt keineswegs zum moralischen Laxismus, wenn man ohne Zweideutigkeit der bindenden Kraft der Leitgebote und dem Aufruf zur Heiligkeit folgt. In diesem Sinne war auch der heilige Alphons ein moralischer „Minimalist".[7] Denn er war überzeugt, daß jener Christ, der Christus zu erreichen sucht, indem er sich bewußt ist, daß er von ihm erfaßt ist, den Raum der Freiheit und des Guten besser zu nützen weiß, als ein Christ, der sich von außen viele zweifelhafte moralische Gesetze auferlegen läßt. Der Konflikt zwischen einer autonomen Ethik und einer reinen Glaubensethik kann nur gelöst werden, wenn beide Richtungen erkennen, daß eine normgebende Ethik im Sinne der alten Moralhandbücher nur mehr einen beschränkten

Platz in einer authentisch christlichen Moral einnehmen kann.

Man irrt sich in der Annahme, daß einer „autonomen Ethik", die mit so viel Nachdruck die Rationalität und die Vermittlungsfähigkeit der Normen fordert, ein falscher rationalistischer Optimismus zugrunde liegt. Im Gegenteil, es sind sich alle sehr wohl bewußt, daß nur eine im Glauben lebende und reflektierende Vernunft *(ratio redempta)* der Finsternis einer Welt entkommen kann, in welcher die Solidarität der Sünde, der Lüge, der Falschheit und der Machtbegierde vorherrscht.[8] Je stärker einer in einer Grundsatzentscheidung für die Heilssolidarität mit allen Menschen lebt, je mehr einer an die ganze Glaubensgemeinschaft denkt, umso mehr wird er mit anderen auf der Suche nach Lösungen der Probleme und nach der Wahrheit sein. Umso größer wird seine Fähigkeit sein, die richtige Lösung zu finden. Folglich stellen auch die Heiligen der Kirche und die Menschen, die in den verschiedensten Lebensbereichen über besondere Kompetenz verfügen, ein von niemandem zu vernachlässigendes „Lehramt" der Moral dar. Vergessen wir nicht, daß es sich im Bereich der Moral immer um existentielle Wahrheiten handelt, die mit dem emotionalen Erleben zu tun haben.

8.4 Bezug zum Weltethos

Mir erscheint das vor 80 Jahren von Rudolf Otto vorgeschlagene Modell der Ethik noch immer gültig zu sein.[9] Otto unterscheidet zwischen „heiligem Ethos" (gleichbedeutend mit Heilsethos) als Bestandteil des Glaubens, der die Beziehung zur Welt der Heiligen bestimmt, und einem „profanen Ethos", das das Leben der Menschen regelt. Dem Heilsethos als gelebte Religion und als lebendiger Glaube begegnet das profane Ethos längst vor der Evangelisierung bereits in den alten Kulturen. Es ist eine aus dem Innersten des Menschen erwachsende Weltordnung, in der seine Erfahrungen und zwischenmenschlichen Beziehungen gespeichert sind. Es handelt sich auch um die Beziehung zwischen Mensch und Umwelt.

Welche Beziehung besteht nun im Falle einer Religion oder einer Personengruppe mit religiösem Erfahrungsschatz zwischen dem „Heilsethos" und den Formen des profanen Ethos? Rudolf Otto übersieht nicht, daß man bereits in den Formen des profanen Ethos den Einfluß von Religion oder religiöser Ideen feststellen kann. Er zeigt dies mit seiner phänomenologischen Methode. Und darauf aufbauend spricht er von einem weltumfassenden Ethos. Die erlebte Religion wirkt durch einen Unterscheidungsprozeß, durch den aus der profanen Ethik alles Unverträgliche ausgeschieden wird. Doch es werden alle verträglichen Teile neu gedeutet und „religiös sanktioniert". Nach Rudolf Otto gilt dies für alle Religionen und religiösen Erfahrungen. Diese Erfahrung muß sich auch auf die Welt der Sitten und der moralischen Werte ausweiten. Alfons Auer nimmt nie direkt auf Rudolf Otto Bezug, doch seine Aussagen über die Beziehung zwischen dem christlichen Heilsethos und dem profanen Ethos der zwischenmenschlichen und der weltlichen Beziehungen entsprechen auf verblüffende Weise dieser Vorstellung.

Dieser Ansatzpunkt ist bei der Behandlung des Problems der Inkulturation des Glaubens sehr hilfreich. Er wird auch bestätigt durch „Gaudium et Spes", in den Aussagen über die Treue zum eigenen Gewissen sowie

über das allen Menschen ins Herz geschriebene natürliche Gesetz.

8.5 Neue Modelle

In der Diskussion zwischen dem Modell der reinen
„Glaubensethik" und dem Modell einer „autonomen
Ethik" im Kontext des Glaubens spielt die nachfolgende
Frage eine grundlegende Rolle: Wie kann man moralische Normen rechtfertigen? Wie läßt sich die Änderung
bisher eingehaltener Normen rechtfertigen? Es existiert
allerdings eine endlose Vielzahl von Definitionen sowohl
für eine deontologische als auch für eine teleologische
Methode. Wir können sagen: Die Anhänger der reinen
„Glaubensethik" ziehen das deontologische Modell vor,
denn sie sind im allgemeinen gegen eine Änderung von
bisher gelehrten Normen. Sie suchen die Bestätigungen
für die bisherigen Normen in der Natur des Handelns
oder in der Natur des Menschen. Sie betrachten das
Leben aus einer statischen Sicht.[10]

Es gibt allerdings auch Anhänger der reinen Glaubensethik, die in der Heiligen Schrift die Geschichtlichkeit des Menschen und somit sein Auf-dem-Weg-Sein
erkennen. Ihre Sichtweise läßt sich mit dem Modell einer
autonomen Ethik im Glaubenskontext vereinbaren. Die
gegenüber der Geschichtlichkeit des Menschen weitgehend blinde stoische Ethik gab dem statischen deontologischen Modell den Vorzug. Für die Anhänger einer
autonomen Ethik im Glaubenskontext spielt das teleologische Modell die entscheidende Rolle. Doch es schließt
Elemente einer deontologischen Ethik nicht ganz aus.

Der Ausgangspunkt ist für mich die Kenntnis des
wahren Angesichts der erlösten und der erlösenden

Liebe. Das ist Deontologie in meinem Sinnverständnis. Die Grundlage dieser Ethik ist es, Jesus Christus zu erkennen und in seinem Licht den göttlichen Vater und den Heiligen Geist sehen. Von daher leitet sich die höchste Berufung der an Christus Gläubigen her, in der Liebe für das Leben auf Erden viele Früchte zu tragen (Optatam Totius Nr. 16). Es ist offensichtlich, daß im Rahmen dieses Ansatzes dem Begriff „der heilen und heilenden Beziehungen" große Bedeutung zukommt.[11]

Auch wenn dieser Ausgangspunkt deontologischer Natur ist (das wahre Antlitz der Liebe sind heile, erlöste und erlösende Beziehungen), so ist damit immer ein Ziel (telos) der Berufung zur Heiligkeit mitgegeben: „Ihr werdet vollkommen sein" (Mt 5,48). So finden sich in der christlichen Ethik immer auch teleologische Kriterien. Dieser deontologisch-teleologische Ausgangspunkt entfaltet sich dann in einem zweiten Schritt (aber nie vom ersten Schritt getrennt) in einer teleologischen Ethik. Hier werden die verschiedenen Normen analysiert, die bestimmte Handlungen auf bestimmte Ziele hin orientieren. Das sind die dem christlichen Leben bekannten Ziele des Wachsens in der Liebe. Das sind die heilen und heilenden Beziehungen zu den Mitmenschen auf dem Weg der Grundsatzoption zu ethischer Vollkommenheit und Heiligkeit. Andere Aspekte können mehr oder weniger klar in diese Vision eingehen: z. B. „das gemeinsame Gut" der Menschen, der Fortschritt der sozialen und heilenden Gerechtigkeit auf der ganzen Menschenwelt.

Oft wurde der teleologische Ansatz der Moral mit einem zweckbezogenen Konsequentialismus verwechselt. Doch unterscheidet sich meine Argumentation mit der Verbindung von deontologischen Argumenten und teleologischer Dynamik in ihrer Komplementarität grundsätzlich von jedem Utilitarismus und damit vom individuellen und kollektiven Egoismus. Ein solcher deontologisch-teleologischer Ansatz bei der Untersuchung moralischer Normen erfordert eine autonome Gewissensprüfung im konkreten Handeln im Kontext des christlichen Glaubens.

8.6 Flexibilität von Verbotsnormen

Der dem Begriff der *Epikie*[12] große Bedeutung beimessende heilige Alphons spricht häufig von Beweglichkeit und „Flexibilität". Dies entspricht dem zentralen Begriff der Moral und der Pastorallehre der orientalisch-orthodoxen Kirchen, der Heilsökonomie *(oikonomía)*. Wenn die Deontologen der hierokratisch-monologischen Strömung der Moral folgen, um die Gewissen kontrollieren zu können, dann verabsolutieren sie viele ihrer Normen. In einem Modell mit inkarnatorisch-dialogischem Ansatz der Moral hingegen bleibt mehr Raum für die Flexibilität der Normen, für die Forderungen des in unsere Herzen geschriebenen Gesetzes. In diesem Fall drängt sich die moralische Erziehung zur Fähigkeit der autonomen Unterscheidung für jene Fälle auf, in welchen verschiedene Normen miteinander in Konflikt geraten. Dies wirft die große Frage der geltenden Werteskala und der existentiellen Dringlichkeit verschiedener Werte auf.

Für eine autonome Moral im Glaubenskontext ist das Prinzip der Flexibilität deshalb von großer Bedeutung, weil auch die Christen in einer moralisch kranken Gesellschaft und in kranken kirchlichen Gemeinschaften leben. Wir sind alle in einem gewissen Sinne durch die Strukturen der Sünde verwundet und verseucht. Es bedarf folglich einer therapeutischen Moral, die den nächsten Schritt in Richtung einer Heilung der Krankheit sucht. Die christliche Moral stellt nicht primär eine Moral des Gesetzes und der Ordnung dar, sondern sie will therapeutische Kommunikation ermöglichen.

„Das Heil liegt in der konkreten Heilung; und die Heilung liegt im konkreten Ergebnis der rettenden Tat. Der Erlöser bringt uns die Rettung auf keine andere Art als durch seine heilende Handlung."[13] Der in seinem Verhalten und in seinen Beziehungen auf den Retter Jesus Christus blickende Christ schafft keine falsche Abhängigkeit von anderen. Er sucht nicht die Kontrolle der anderen durch strenge Normen. Sondern er gibt dem Mitmenschen immer einen Vertrauensvorschuß, der ihm hilft, den nächsten Schritt zum moralischen Ziel zu finden. Die Flexibilität vergangener Normen des natürlichen Gesetzes ergibt in einer therapeutischen Moral und Pädagogik einen tiefen Sinn. Diese versucht, sich in die heilende Gemeinschaft und in die Heilsgeschichte einzugliedern.

In einer nur auf richterlich überprüfbare Normen ausgerichteten Moral würde die Flexibilität von Normen leicht zum moralischen Laxismus oder zur Flucht in die Unmoral führen. Wir sehen daraus, wie die bescheidene Eingliederung einer normgebenden Ethik in eine Moral des Gesetzes des Heiligen Geistes eine Bedingung für ihren Beitrag auf dem allgemeinen Heilsweg darstellt.

9

Fragen der Zukunft

9.1 Moral im Atomzeitalter

Die von Christus erbaute Kirche, die unser Friede ist, kann in unserer heutigen, sich oft vor dem Abgrund der Selbstzerstörung befindlichen Welt nur in jenem Ausmaß eine prophetische Stimme sein, als sie vollkommen und wahrhaftig das Evangelium des Friedens und eine Moral im Lichte des Evangeliums vom Frieden verkündet. Die gesamte Theologie, aber im besonderen die Moraltheologie muß sich mit ihrer Dynamik in diesen Kontext einfügen.

Ich habe in den letzten Jahren fast meine gesamte Zeit und meine Arbeit der Theologie und der Praxis des Friedens und der Gewaltlosigkeit gewidmet.[1] Es gibt hier für die neue Generation der Moraltheologen noch unvorstellbar viel zu tun. Ich versuche hier nur, die Aufmerksamkeit auf dieses brennende und zentrale Thema zu lenken, um aufzuzeigen, wie das Evangelium vom Frieden der Menschen in der gesamten Moraltheologie gegenwärtig sein muß.

Es ist erforderlich, die Moraltheologie sehr genau zu studieren, um zu ergründen, bis zu welchem Punkt sie der Friedensmission der Kirche in ausreichendem Maß ihre Aufmerksamkeit geschenkt hat. Wir müssen fragen, bis zu welchem Punkt und warum sich die Kraft der Moraltheologie mit vielen fremden Ideologien vermischt hat. Die Kirche wurde in die temporäre Macht und in „heilige Allianzen" mit den großen politischen Mächten verwickelt. Dies hatte auch negative Folgen für die Moraltheologie. Wir müssen uns dieser Dinge bewußt werden, nicht um anzuklagen, sondern um unseren Weg in die Zukunft zu erfassen. Vielleicht kann das Buch des Erasmus von Rotterdam *Querela pacis* ein Schlüssel sein für das Studium unserer Geschichte und für die Öffnung der Kirche in einer neuen Zeit. Ähnlich wie es die Enzyklika „Pacem in Terris" von Johannes XXIII. war.

In einem Traktat über die Bekehrung des Lebens und über die Grundsatzoption des Christseins muß das Evangelium vom Frieden zentral sein. Welche Bedeutung hat für die heutige, von der Selbstzerstörung bedrohte Menschheit eine Bekehrung zum Evangelium, zu Gott, dem Schöpfer und Erlöser? Muß nicht diese Bekehrung primär die Berufung und die Aufgabe zur Friedensarbeit enthalten? Im Traktat über die „Sünde" müssen wir über die ungeheure Schuld nachdenken, die wir durch die Entwicklung und den Einsatz von Atomwaffen auf uns geladen haben, die sämtliches Leben auf unserem Planeten zerstören könnten. In Kenntnis unserer durch die nukleare Zerstörung bedrohten Lage müssen dann jene strukturellen Sünden erkannt werden, die ein Klima der moralischen Blindheit, der Falschheit, der Hochnäsigkeit und der Gewalt zur Folge haben.

In der Abhandlung über die Tugenden muß der heilenden Gewaltlosigkeit eine hervorragende Stellung eingeräumt werden. Im Traktat über die theologischen

Tugenden wird dies das existentielle Thema sein: Glauben wir wirklich an den Gott des Friedens? Vertrauen wir auf den uns in der Bergpredigt und im gesamten Evangelium gelehrten Weg des Friedens? Lieben wir den Gott des Friedens und lieben wir mit Gott die Mitmenschen, die durch die nukleare Rüstung bedroht werden? Wie gehen wir mit denen um, die unfähig sind, sich zu Dienern des Friedens zu machen? Was tun wir konkret für eine Friedenskultur, für die bedrohten Mitmenschen?

Alle Abhandlungen über die Sozialmoral stehen direkt mit dem Problem des globalen Friedens in Verbindung. Die Abhandlung über die sozialen Kommunikationsmittel kann nicht umhin, die große Verantwortung der Vermittler und der Benützer der Kommunikationsmittel für eine Erziehung zum Frieden einzuüben. Wir können durch die öffentliche Meinung viel für den Frieden und die Gewaltlosigkeit tun.

Die Abhandlung über die Bioethik bzw. über die medizinische Ethik muß die Ideologien herausarbeiten, durch die das menschliche Leben bedroht wird. Und sie muß jene Einstellungen einüben, die seelische Gesundheit und Entfaltung des Lebens begünstigen. Weiters ist die Verantwortung für den ärztlichen Berufsstand in diesem Bereich hervorzuheben. Der mit Gott, mit sich selbst, mit dem Nächsten, mit der Gemeinschaft und mit der Umwelt im Frieden ist, der wird ein spirituell heiler Mensch, ein Quell der Genesung für viele andere sein.

Die gesamte Sozialhilfe läßt sich unter dem Aspekt sehen, daran mitzuwirken, um das öffentliche Leben heilen zu können. Ausgangspunkt wäre die genaue Analyse von Bedingungen, von Strukturen, von Beziehungen und von gestörten Sozialprozessen. Der Endpunkt und das Ziel wären eine gesündere Gesellschaft, gelin-

gende Beziehungen zu den Mitmenschen, tiefe Lern-
prozesse auf dem Weg zu mehr Liebesfähigkeit.

Auch die ökologischen Probleme müssen unter dem
Aspekt des Friedens mit der gesamten Schöpfung behandelt werden. Es geht um den Frieden mit den zukünftigen Generationen durch ein verantwortungsvol-
leres Verhalten gegenüber den nicht erneuerbaren Ressourcen. Es geht um tiefe Verantwortung im Hinblick
auf gesunde Luft und auf gesundes Wasser.

Im Mittelpunkt der Kulturethik wird eine gewaltlose,
eine gesunde und in all ihren Dimensionen friedens-
orientierte Kultur stehen. Das Ziel des Friedens drängt
sich für das gesamte soziale und wirtschaftliche Leben
auf. Wir müssen daran mitwirken, um uns vom unheilvollen Komplex der Rüstungsindustrie schrittweise zu
befreien. Wir müssen unser Leben auf friedliche Zwecke
ausrichten. Wir müssen uns schrittweise von den hinter-
hältigen und gewaltsamen, von den ungerechten und
schädlichen Formen des Wettbewerbs, von der Vor-
machtstellung der reicheren und mächtigeren Nationen
frei machen. Wir müssen jene soziale und verteilende
Gerechtigkeit verbreiten, die das Werk des Friedens ist.
Es ist dringlich, den Wirtschaftsmenschen von seiner
Gier, immer mehr Besitz zum Nachteil anderer anhäufen
zu wollen, zu heilen. Wir müssen ein Erziehungssystem
fördern, das eher den Fortschritt des Wissens als den
wirtschaftlichen Erfolg fördert. In der Tat wird ein ganzheitlicher Friede der Schlüssel für die gesamte soziale
und wirtschaftliche Ethik sein. Er ist eine Gabe Gottes
und zugleich eine riesige Aufgabe für uns Menschen.

Dasselbe gilt für die politische Ethik. Der Friede wird
das höchste Ziel und das entscheidende Kriterium für
die innere und die internationale Politik sein. Letztlich

kann ein guter Traktat über die Herausforderung des Friedens eine Synthese für alle anderen Traktate der Moraltheologie bilden; dies immer mit dem Blick auf die globale Situation und auf die konkreten lokalen Problemfelder.

9.2 Ausblick und Ermutigung

Wie ich als alter Theologe die Zukunft der Theologen und Verkündiger sehe: Ich sehe dich als Mann oder als Frau des Friedens, als einen Menschen, der die Erfahrung des inneren Friedens immer in die Suche nach fairen Lösungen der Probleme einbringt.

Du wirst nicht nur ein Mensch sein, der über den Frieden spricht, du wirst den Frieden leben und ausstrahlen müssen. Durch ein Leben in der Klarheit der absoluten Ehrlichkeit wirst du die Offenheit eines Propheten mit der Zärtlichkeit einer Mutter und mit der Milde eines Arztes zu verbinden wissen.

Du wirst ein Mitgestalter von ehrlichen Gemeinschaften sein, und du wirst gerne bereit sein, dauernde Bekehrung und Veränderung in deinem Leben anzunehmen. Vor allem wirst du ein Zeuge des Friedens sein, denn du wirst dein ganzes Vertrauen auf Jesus setzen, der unser Frieden und die Wahrheit ist. Du wirst bereit sein, auch Opfer und die Schmähung anzunehmen, denn du wirst das prophetische Amt leben, indem du an die Kraft der Wahrheit und der Liebe glaubst. Es geht zuletzt um die Liebe, die in der Barmherzigkeit für das Heil der Welt ihre reichen Früchte trägt.

Indem du Jesus folgst, der unser Friede ist, wirst du auch diejenigen lieben, die dich belästigen oder verachten. Da du sowohl die anziehende Schönheit als auch die immer neue Faszination des erfahrenen Friedens kennst, da du auch um seine Zerbrechlichkeit und Verwundbarkeit weißt, wirst du das Kleid des Friedens und der Gewaltlosigkeit anziehen. Du wirst dich gegen die Versuchung wehren, die Aggressivität und die Unehrlichkeit der Umwelt nachzuahmen. Du wirst auf Lüge, Täuschung und Gewalt verzichten. So wird es dir möglich sein, einerseits viele reale Ungerechtigkeiten aufzudecken und andererseits mit den Opfern der Gewalt und der Lüge großes Mitleid zu empfinden und ihnen mit allen Mitteln zu helfen. All dies wird für dich möglich sein, wenn du immer ein Mensch des Gebets bist, der sich alles von der Gnade Gottes erwartet und der dem Schöpfer seinen Dank erweist. Wenn du dem Fanatismus der autoritären und fundamentalistischen Glaubensbrüder ausgesetzt sein wirst, so wirst du demütig beten: „Von der geistigen Unbeweglichkeit vieler Theologen bewahre mich, o Gott!"

In jeder Situation deines Lebens wirst du dich am Frieden erfreuen, der in deinem Herzen frohlockt. Du wirst ein staunender und dankbarer Mensch sein, indem du dich vom heiligen, barmherzigen und versöhnenden Gott geliebt weißt. Er ist es, der dich sein Versprechen in der gesamten Tiefe spüren läßt: „Glückselig sind die, die den Frieden bringen. Denn sie sind zu wahren Kindern Gottes berufen."

Anmerkungen

Einleitung

[1] Im Sinne einer Vermengung zwischen Elementen des authentischen Glaubens und seinen unauthentischen Faktoren; wie zum Beispiel den Interessen der privilegierten Klasse, dem Aberglauben, den menschlichen und fälschlich sakralisierten Überlieferungen.

[2] Schemata Constitutionum et Decretorum de quibus diceptabitur in Concilii sessionibus, Vatican 1962, 61–154.

[3] Vgl. die Aktivitäten um Kardinal Lercaro.

[4] Die schönste Erzählung über dieses gemeinsame Bekehrungserlebnis während des Konzils wurde zu Beginn der Bischofssynode in Rom im Jahr 1985 von Kardinal G. Garrone geliefert. Retrouver l'élan initial et la grace du Concile, in: Documenta Catholica, 83 (1986), 25–31.

[5] Vgl. Ph. Delhaye, Le kérygme de la charité à Vatican II, in „Revue théologique de Louvain" I (1970) , 144 –174. Ders., L'apporto del Vaticanum II alla teologia morale, in „Concilium" 8 (1972), 909–919; ders., Les points forts de la théologie morale à Vatican II, in „Studia Moralia" 24 (1986), 5–40; B. Häring, Was besagt die Synode 1985 über die Zukunft der Moraltheologie, in: „Stimmen der Moraltheologie", 24 (1986), 257–282.

1. Kapitel

[1] Vgl. z. B. P. Poupard, La morale chrétienne demain, Paris-Tournai 1985; R. Coste, Le grand secret des béatitudes. Une théologie et une spiritualité pour aujourd'hui, Paris 1985; M. Vidal, El camino de la ética cristiana, Estella 1986; W. Kasper, Zukunft aus der Kraft des Konzils. Die außergewöhnliche Bischofssynode. Dokumente mit einem Kommentar

von Walter Kasper, Freiburg 1986; B. Häring, Was besagt die Synode 1985 über die Zukunft der Moraltheologie im Zeitalter der Kernwaffen?, in: „Studia Moralia" 23 (1985), 81–97.

[2] Diese Bewegung wurde durch die Ideologie der Apartheid und des puritanischen Rassismus vollkommen pervertiert (Calvinisten, Pilgrim Fathers in den USA und auch heute in Südafrika).

2. Kapitel

[1] Vgl. L. Boff, Theologie und Praxis. Die erkenntnistheologischen Grundlagen der Theologie der Befreiung, Grünewald Verlag, Mainz 1984. R. S. Chopp, The Praxis of Suffering. An Interpretation of Liberation and Political Theologies, New York 1966.

[2] Vgl. meine Werke: Macht und Ohnmacht der Religion. Soziologie der Religion als Anruf, Salzburg 1964; Ehe in dieser Zeit, Salzburg 1964. Über die wissenschaftliche Hermeneutik findet man zusammen mit den besten Autoren in meinem Werk „Frei in Christus" eine umfangreiche Bibliographie angeschlossen. Der protestantische Theologe Wolfgang Nethöfel bewertet die hermeneutische Diskussion auf sehr entspannte Art und Weise in seinem Buch: Moraltheologie nach dem Konzil. Personen, Programme, Positionen, Göttingen 1987.

[3] Vgl. A. Auer, Die Auffassung des Moralbegriffs für die Moralethik. In: Aufruf zur Freiheit: Theologische Schriften über die Moraltheologie zu Ehren Pater B. Härings, 1980.

[4] K. Rahner, Über die Argumentation in der Moraltheologie. In: Aufruf zur Freiheit, 1980.

[5] Vgl. K. Rahner, a. a. O.

[6] Vgl. K. Rahner, a. a. O.

[7] Die Auffassung des Moralbegriffs für die Moralethik, a. a. O.

[8] F. Moreno Rejon, Moraltheologie für die Armen, Madrid 1986.

3. Kapitel

[1] In zwei von Ph. Delhaye herausgegebenen Werken wird die Sünde aus der Sicht der theologischen Erneuerung behandelt: Théologie du péché, Tournai-Paris 1960, und Pastorale du péché, Tournai-Paris 1961. Mein Beitrag dazu ist in „Bekehrung" nachzulesen, S. 65–145, wobei ich den Schwerpunkt auf die Tatsache setze, daß der Kernpunkt der Moraltheologie der Sünde in der Bekehrung und der Wiederversöhnung zu suchen ist.

4. Kapitel

¹ Zur Bibliographie der Sünde nach dem Konzil siehe: M. Sievernich, Schuld und Sünde in der Theologie der Gegenwart, Frankfurter Theologische Studien 29, Frankfurt am Main, 1982, mit Hinweisen auf S. 421 bis 429. Eine sehr gut ausgestattete und kommentierte Bibliographie ist dem Werk von M. Vidal angeschlossen: Como hablar del pecado hoy, Madrid 1977. Weitere Bibliographien sind meinen nachfolgenden Werken zu entnehmen: Sin in the Secular Age, New York 1974; Frei in Christus, 3 Bde.; vgl. auch S. Fagan, Has Sin Changed?, Dublin 1978.

² Siehe W. Conn, Christian Conversion: A Developmental Interpretation of Autonomy and Surrender, New York 1986.

³ Siehe A. Görres und K. Rahner, Das Böse, Freiburg 1982; und B. Häring, Frei in Christus.

⁴ Siehe K. Rahner, Schriften zur Theologie, Einsiedeln–Köln 1965, Bd. IV, S. 22.

⁵ A. Görres und K. Rahner, a. a. O., S. 221–222.

⁶ Siehe B. Häring, Sin in the Secular Age, S. 179–190; M. Vidal, Como hablar de pecado hoy, S. 211. Darin werden einige sehr bekannte Theologen zitiert, die sich in ähnlicher Weise geäußert haben.

⁷ A. Görres und K. Rahner, Das Böse, S. 226; in derselben Bedeutung M. Vidal, Como hablar del pecado hoy, S. 202–236. Siehe auch Neues Glaubensbuch. Der gemeinsame christliche Glaube, herausgegeben von J. Feiner und L. Vischer, Freiburg 1973, S. 333–334.

⁸ Siehe K. H. Kleber, De parvitate materiae in sexto, Regensburg 1971.

⁹ Diese Vision bringe ich bereits im Titel „Frei in Christus" zum Ausdruck; S. 130–141, 149, 156ff., 456, 461. Vgl. P. C. Hodgson, New Birth of Freedom. A Theology of Bondage and Liberation, Philadelphia 1976.

¹⁰ Siehe P. Hendriot, The Concept of Social Sin, in „Catholic Mind" 71 (1973), S. 38–53.

¹¹ J. Ratzinger, Theologie und Verkündigung im Holländischen Katechismus, in seinem Buch Dogma und Verkündigung, Freiburg 1973, S. 72.

¹² Siehe M. Sievernich, Schuld und Sünde in der Theologie der Gegenwart, a. a. O., S. 321–409.

¹³ K. Rahner, Betrachtungen zum Ignazianischen Exerzitienbuch, München 1964, S. 43.

¹⁴ K. Rahner, Zur Geschichtlichkeit der Theologie, Schriften zur Theologie VIII, S. 103. Rahner beschreibt darin dieses Phänomen auf wirklich provokante Art. Vgl. B. Häring, Frei in Christus, S. 445–448. Vgl. G. Kaufmann (Hrsg.), Schulderfahrung und Schuldbewältigung. Christen im Umgang mit der Schuld, Paderborn 1982; E. Drewermann, Psychoanalyse und Moraltheologie, Bd. I, Angst und Schuld, Mainz 1983; Bd. II, Wege und Umwege der Liebe, Mainz 1983.

¹⁵ Siehe P. Schoonenberg, Man and Sin: A Theological View, Notre Dame 1965; P. Watte, Structures philosophiques du péché original. Gembloux 1974; P. Watte u. a., Péché collectif et responsabilité, Bruxelles 1986; C. S.

Lewis, Abolition of Man, New York 1978; P. Guelluy, Péché, péché originel, in: „Catholicism", Bd. 10 (1985), 1007–1061.

[16] D. Sölle, Politische Theologie. Auseinandersetzung mit Bultmann, Olten/Freiburg 1988, S. 115.

[17] Vgl. G. Baum, Religion and Alienation. A Theological Reading of Sociology, New York 1975; H. S. D'Souza, Structural Sin and Injustice, Synodal Intervention 1983, in „Living Light" 20 (1984), 229–231.

[18] P. Tillich, Menschliche Existenz in Entfremdung und Sünde, in: M. Sievernich, Schuld und Sünde in der Theologie der Gegenwart, a. a. O., S. 103–142.

[19] In meinem Buch: Sin in the Secular World, a. a. O., verwendete ich die Bedeutung „Die Sünde als Entfremdung und die Sünden der Entfremdung", S. 37–103.

[20] Vgl. B. J. Verkamp. Recovering of Sense of Sin, in „America" 149 (1983), 305–307. Über die Bischofssynode 1983 vgl. Wiederversöhnung und Buße in der Mission der Kirche (Lineamenta) 1982; Riconciliazione e penitenza. Instrumentum laboris, Rom (1983). Johannes Paul II., Apostolische Ermahnung: Versöhnung und Buße, Rom 1984; AAS 77 (1984), 185–275; G. Caprile, Il Sinodo dei vescovi. 6. Generalversammlung: La Civiltà Cattolica, 1985.

[21] Diese und ähnliche Anregungen finden in folgenden Werken klaren Ausdruck: Card. P. Poupard, La morale chrétienne demain, Paris-Tournai 1985. Das Buch baut auf den Untersuchungen des Sekretariats für die Nichtgläubigen in der Sichtweise eines möglichen Dialogs auf. Siehe N. Rigali, Human Solidarity and Sin in the Apostolic Exhortation, Reconciliation and Penance, in: „Living Light" 21 (1985), 337–344; J. E. Hug, Social Sin. Cultural Healing, in: „Chicago Studies" 23 (1984), 333–351.

5. Kapitel

[1] Die Inspiration der nachfolgenden Seiten entspringt vor allem dem Werk F.-X. Durrwells, Der Heilige Geist im Lichte des österlichen Geheimnisses, 1985.

[2] Vgl. F. Compagnoni, La specificità della morale cristiana, Bologna 1972; H. Rotter, Christliches Handeln. Seine Begründung und Eigenart, Graz–Köln 1977; H. Halter, Paulinische Kritierien für das Proprium christlicher Moral, Freiburg 1977; J. Ratzinger, Einführung in das Christentum, Freiburg 1977, S. 197–221; J. Ziegler, Christus, der neue Adam. Eine anthropologisch integrierte Moraltheologie. Die Vision des Vatikanum II zum Entwurf einer Gnadenmoral in: „Studia Moralia" 24 (1986), 41–70; vgl. L. Alvarez Verdes, El imperativo cristiano en S. Pablo, Valencia 1980.

[3] Vgl. F.-X. Durrwell, a. a. O., S. 136.

[4] Vgl. F.-X. Durrwell, a. a. O. S., 91.

[5] Vgl. Optatam Totius Nr. 16.

[6] Summa Theologica I/II, 106a; vgl. Kommentar zum Römerbrief 8,1; zum 2. Korintherbrief 2, zum Hebräerbrief 2.

[7] Augustinus, De spiritu et littera, cap. XXI, PL 4,222.

[8] Vgl. A. Schenker, Substitution du chatiment ou prix de la paix, in: La Paque du Christ, Mystère du salut, Paris 1982, S. 75–90.

[9] Vgl. H. Schlier, Grundzüge einer paulinischen Theologie, Freiburg 1978.

[10] Vgl. F.-X. Durrwell, a. a. O. S., 189.

[11] Vgl. F.-X. Durrwell, a. a. O. S., 187.

[12] Vgl. F.-X. Durrwell, a. a. O. S., 193.

[13] Vgl. St. Lyonnet, Liberté chrétienne et loi de l'Esprit, Rom 1954; H. Spaemann, Feuer auf die Erde werfen, Freiburg 1961. In meinen Werken „Das Gesetz Christi" und „Frei in Christus" habe ich immer versucht, dieser Vision zu entsprechen, in der Hoffnung, das Gesetz des Herrn für viele Christen – und vielleicht auch für die, die es noch nicht sind – ansprechend zu verdeutlichen.

[14] Vgl. L. Nieder, Die Motive der religiös-sittlichen Paränese in den paulinischen Gemeindebriefen. Ein Beitrag zur paulinischen Ethik, München 1956; K. Niederwimmer, Der Begriff der Freiheit im Neuen Testament, Berlin 1966; A. Grabner-Haider, Paraklese und Eschatologie bei Paulus, Münster 1968; H. Halter, Taufe und Ethos. Paulinische Kriterien für das Proprium christlicher Moral, Freiburg 1977; A. Plé, Per dovere o per piacere? Da una morale colpevolizzante a una morale liberatrice, Torino 1984; R. Schnackenburg, Ethische Argumentationsmethoden und neutestamentliche Aussagen, in K. Kertelge (Hrsg.): Ethik im Neuen Testament (Quaestiones disputatae 102), Freiburg 1984, S. 32–49; J. Eckert, Indikativ und Imperativ bei Paulus, in: K. Kertelge, a. a. O., S. 169–189; D. Zeller, Wie imperativ ist der Indikativ?, in: K. Kertelge, a. a. O., S. 190 bis 196; G. Helotik, Die pneumatologische Note der Moraltheologie. Ein ergänzender Beitrag zu gegenwärtigen Bemühungen im Rahmen der katholischen Sittlichkeitslehre, Wien 1984.

[15] Vgl. B. Schüller, Zur Diskussion über das Proprium der christlichen Ethik, in: „Theologie und Philosophie" 51 (1976), 321–343. Meine Anschauung darüber ist recht verschieden: Wie christlich handeln? Neue Ansätze in der Moraltheologie, in: J. Hüttenbügel (Hrsg.), Gott, Mensch, Universum, Graz–Wien–Köln 1974, S. 625–652.

[16] R. Schnackenburg, Ethische Argumentationsmethoden und neutestamentliche Aussagen, a. a. O., S. 34.

[17] Vgl. C. Spicq, Connaissance et morale dans la Bible, Paris 1985.

6. Kapitel

¹ Vgl. den Kommentar zu diesem Text, der von P. Domenico Capone im Artikel Antropologia, coscienza e personalità, in „Studia Moralia" 4 (1966), S. 73–113, veröffentlicht wurde. Ich erlaube mir, den Leser darauf hinzuweisen, daß P. Capone einen wesentlichen Beitrag zur letzten Version des diesbezüglichen Passus des Konzils leistete. Im vorletzten zur Abstimmung vorgelegten Text fehlte die Dimension des „in die Herzen geschriebenen" Gesetzes. Der dann in den Text übernommene Ausdruck wurde durch einen Großteil der den Redemptoristen angehörigen Bischöfe unterstützt.

² Dieser Aspekt wurde von Kardinal F. König in seiner Interpretation des Konzils stark und bewußt hervorgehoben. Vgl. Chiesa dove vai? Gianni Licheri interrroga il Cardinale Franz König, Roma 1985.

³ Vgl. M. Nédoncelle, La réciprocité des consciences, Paris 1942; De la Fidélité, Paris 1953; B. Häring, Frei in Christus, a. a. O.

⁴ Eine sehr harte Kritik an Nr. 16 von Gaudium et Spes wurde kurz nach dem Konzil vom Theologen Joseph Ratzinger (damals Professor an der Universität Tübingen) angemeldet. Vgl. den großen Kommentar „Das Zweite Vatikanische Konzil", Bd. III, Freiburg 1968, S. 325–331. Seiner Meinung nach trägt der Text der Blindheit und der Taubheit des menschlichen Geistes nicht Rechnung, die Martin Luther so stark beeindruckt haben. Anderer Meinung als J. B. Metz betont Ratzinger seine These, wonach die bindende Kraft des schuldlos fehlenden Gewissens nicht beim heiligen Thomas nachzulesen, sondern für die Moderne typisch sei. Er leugnet jedoch nicht, daß der Text des Konzils den Gedanken von Kardinal J. H. Newman entspricht. Ratzinger erwähnt den heiligen Alphons nicht, der dieselbe Betonung wie Newman setzt; vielleicht noch stärker auch das schuldhaft fehlende Gewissen betreffend. Vgl. B. Häring, E' attuale la teologia morale di Sant' Alfonso?, in: Problemi attuali di teologia morale e pastorale, Rom 1967, S. 61–86.

⁵ Vgl. V. Frankl, Der Mensch vor der Frage nach dem Sinn. München 1997. Ders., Der leidende Mensch, Bern 1997.

⁶ Vgl. B. Häring, La forza terapeutica della nonviolenza, Rom 1987.

⁷ Die Tatsache, daß Johannes Paul II. im Sommer 1985 eine ganze Woche lang Friedensforscher verschiedener Kirchen und Religionen angehört hat, und in noch klarerer Form, daß er im Oktober 1986 in Assisi gemeinsam mit den Vertretern aller Religionen für den Frieden betete, sind ein klarer Beweis für die Aussage in Gaudium et Spes Nr. 16 über die Reziprozität der Gewissen und über die Treue zum Gewissen, die Christen mit anderen Menschen auf der Suche nach der Wahrheit vereint.

7. Kapitel

[1] Unter den zahlreichen Bibliographien wähle ich aus: Ph. Delhaye, Le décalogue et sa place dans la morale chrétienne, Bruxelles 1963; E. Hamel, Les dix paroles. Perspectives bibliques, Bruxelles–Paris 1969; G. Bourgeault, Décalogue et morale chrétienne. Enquete patristique sur l'utilisation et l'interpretation chrétienne du décalogue, Paris-Tournai 1971; O. H. Pesch, Die zehn Gebote, Mainz 1976; J. M. Lochmann, Wegweisung der Freiheit. Abriß der Ethik in der Perspektive des Dekalogs, Gütersloh 1979; W. Harrelson, The Ten Commandments and the Human Rights, Philadelphia 1980; W. Deissler, Ich bin dein Gott, der dich befreit hat, Freiburg [4]1984; ders., Wer bist du, Mensch? Die Antwort der Bibel, Freiburg 1985; F. Crüsemann, Das Thema des Dekalogs in sozialgeschichtlicher Perspektive, München 1986.

8. Kapitel

[1] Ich habe aus der enormen Bibliographie einige Studien ausgewählt: Y. Congar, Réflexion et propos sur l'originalitè d'une éthique chrétienne, in: IN LIBERTATEM VOCATI ESTIS, Miscellane Bernhard Häring, „Studia Moralia" 15 (1977), 31–40; E. Lopez Azpitarte, Ética humana y moral cristiana, a. a. O., S. 41–55; J. Fuchs S. J., Lehrfach Moraltheologie als „sacra doctrina", a. a. O., S. 191–206; F.-X. Durrwell, Vous aves été appelés, a. a. O., S. 345–357; S. Bastianel, Autonomia morale del credente, Brescia 1980: O. Bernasconi, Morale autonoma ed etica della fede, Bologna 1981; R. Dillmann, Das Eigentliche der Ethik Jesu, Mainz 1984; V. MacNamara, Faith and Ethics: Recent Roman Catholicism, Dublin 1985; M. Vidal, El camino de la ética cristiana, Estella 1986; R. Schnackenburg, Die sittliche Botschaft des Neuen Testaments, in: Von Jesus zur Urkirche. Freiburg 1986. Eine ausgezeichnete Analyse und ein positives Urteil über die Spannungen zwischen „Glaubensethik" und unabhängiger Moral des Gläubigen wird durch den protestantischen Theologen W. Nethöfel in seinem Werk Moraltheologie nach dem Konzil, Göttingen 1987, gegeben.
[2] M.-D. Chenu O. P., Une morale séculière, in: „Studia Moralia" 26 (1986), 254.
[3] Y. Congar, a. a. O., S. 37.
[4] Über dieses Thema sind zahlreiche Artikel in der Zeitschrift „Rivista di teologia morale" (Bologna) und in fast allen systematischen (nach dem II. Vatikanum veröffentlichten) Texten der Moraltheologie zu diesem Thema nachzulesen. Ich beziehe mich auf die wenigen charakteristischen Veröffentlichungen: K. Rahner, Über schlechte Argumentation in der Moraltheologie, in: „Studia Moralia" 15 (1977), 245–257; A. Auer, Autonome Moral und christlicher Glaube, 1984; ders., Zur Rezeption der Autonomievorstellung durch die katholisch-theologische Ethik, in:

189

Theol. Quartalschrift 161 (1981), 2–13. Das gesamte erste Heft der THQ ist dieser Problematik gewidmet; A. Auer (Hrsg.), Die Autorität der Kirche in Fragen der Moral, München–Zürich 1984; F. A. Sullivan, Magisterium. Teaching Authority in the Church, New York 1983; J. Schuster, Ethos und kirchliches Lehramt. Zur Kompetenz des Lehramtes in Fragen der natürlichen Sittlichkeit, Frankfurt 1984; J. Fuchs, Ethics in a Secular Era, Dublin 1984; J. G. Ziegler, Die deutschsprachige Moraltheologie vor dem Gesetz der Polarität von Vernunft und Glaube. Eine Übersicht, in: „Studia Moralia" 24 (1986), 319–344 (mit ausführlicher Bibliographie); W. Nethöfel, Moraltheologie nach dem Konzil (mit ausgesuchter Bibliographie).

[5] Vgl. Gaudium et Spes Nr. 43.

[6] Vgl. F. Furger, Autonom und christlich? Das Zweite Vatikanische Konzil als Auslöser einer latenten Debatte, in: „Studia Moralia" 24 (1986), 85.

[7] Vgl. M. Vidal, Frente al rigorismo moral, beningnidada pastoral: Alfonso de Liguori (1697–1787), Madrid 1986, S. 125; vgl. auch A. Galindo Garcia, L'opción fundamental en el pensamiento de San Alfonso María de Ligorio, Seminario Vitoria 1983. Eine der Flexibilität der alphonsianischen Moral hinsichtlich der Anwendung alter Normen des natürlichen Gesetzes vollkommen entgegengesetzte Tendenz des Rigorismus und der bestürzenden Argumentation wurde auf dem Kongreß der Moraltheologen im Lateran, 7.–12. November 1988, laut.

[8] Vgl. J. Fuchs, The Sin of the World and Normative Morality, in: „Gregorianum" 61 (1981), 51–76. B. Häring, Sin in the Post-Vatican II Theology, in: Personalist Morals, Essays in Honor of Prof. Louis Jannens, Hrsg. J. Selling, Leuven 1988, S. 87–107.

[9] R. Otto, Das Heilige. Über das Irrationale in der Idee des Göttlichen und sein Verhältnis zum Rationalen. Erste Ausgabe 1917; letzte Ausgabe München 1979. Es erschienen mehr als 50 Ausgaben des Werkes. F. Otto, Freiheit und Notwendigkeit. Ein Gespräch mit N. Hartmann über Theonomie und Autonomie der Werte, Tübingen 1949. Ich habe den Gedanken von R. Otto in meinem Werk „Das Heilige und das Gute", S. 15–23 und 164–185, ausführlich abgehandelt.

[10] Vgl. B. Schüller, Die Begründung sittlicher Urteile, Düsseldorf 1980; F. Furger und P. Müller-Goldkule, Sind Teleologie und Deontologie Gegensätze?, in: „Herderkorrespondenz" 36 (1982), 603–609; G. Stanke, Die Lehre von den Quellen der Moralität. Darstellung und Diskussion der neuscholastischen Aussagen und neuere Ansätze (Studien zur Geschichte der Moraltheologie, Bd. 26), Regensburg 1984; K. Demmer, Deuten und Handeln. Grundlagen und Grundfragen der Fundamentalmoral, Freiburg 1985.

[11] Vgl. H. Rotter, Grundgebot Liebe. Mitmenschliche Begegnung als Grundsatz der Moral, Innsbruck–Köln 1983.

[12] Der heilige Alphons schreibt: „Epikeia ereignet sich nicht nur in den menschlichen Gesetzen, sondern auch in den natürlichen Gesetzen, dort, wo die Handlungen aufgrund der Umstände frei von Argwohn

sind" (Theologia moralis, I, II, Nr. 201); vgl. B. Häring, Gli assoluti in theologia morale, in: Liberi e fedeli in Cristo, Bd. I, S. 429–437, mit Bibliographie; K. Demmer, Deuten und Handeln, Freiburg 1985; J. Fuchs: „Epikeia" circa legem naturalem, in: Periodica de re morali 69 (1980), 225–270; K. Duchatelez, Une notion d'économie et ses richesses théologiques, in: Nouvelle Revue Théol. 92 (1970), 267–292; L. Örsy, In Search for the Meaning of oikonomía, in: Theological Studies 42, 1982, S. 312–319.

[13] J. Moltmann, Die ersten Freigelassenen der Schöpfung. München 1971, 34 ff.

9. Kapitel

[1] Vgl. Frei in Christus, passim; Nuove armi per la pace, Rom 1984; Diversa nonviolenta: Utopia o alternativa necessaria?, in: A. Autiero (Hrsg.), L'etica tra quotidiano e remoto, Bologna 1985, S. 255–297. Moraltheologie im Zeitalter der Kernwaffen, in: „Studia Moralia" 23 (1985), 81–97; Die Heilkraft der Gewaltfreiheit, Düsseldorf 1986.

Weitere Titel
von Bernhard Häring

WEGE ZUM SINN
Eine zeitgemäße Tugendlehre
155 Seiten, kartoniert
ISBN 3-222-12493-0

TOLERANZ
Eine tägliche Herausforderung
128 Seiten, kartoniert
ISBN 3-222-12582-1

ICH BETE, UM ZU LEBEN
2. Aufl., 125 Seiten, kartoniert
ISBN 3-222-12330-6

im Verlag Styria
Graz Wien Köln